LA CHAIR DE DIEU

Du même auteur

Essais

Le Souffle coupé (Respirer et Écrire), Gallimard, Paris, 1984.
Cancer, à qui la faute?, Gallimard, Paris, 1987.

Ouvrages d'information

Les Allergies. La fin d'une énigme (avec J. Bousquet), Hachette, Paris, 1986.
Pour en finir avec les maladies psychosomatiques (avec P. Gazaix), Albin Michel, Paris, 1987.

Poésie

Garrigue (avec B. Ter Schiphorst), Éd. A. Barthélemy, Avignon, 1979.
Agde, au fil des eaux (avec B. Ter Schiphorst), Éd. La Tuilerie, Montpellier, 1985.
Au Large de la nuit (avec C. Muhlstein), Éd. Presses du Midi, Montpellier, 1990.
Native Camargue (avec B. Ter Schiphorst), Éd. Axone, Montpellier, 1990.

FRANÇOIS-BERNARD MICHEL

LA CHAIR DE DIEU

FLAMMARION

« Le Verbe, qui était Dieu, Vie, Lumière,
s'est fait Chair et
Il a habité parmi nous. »

Jean, 1/1, 1/14

« Tout passe par la chair, y compris
Dieu. »

Joseph Delteil

aux G.M.,
à Bernadette,
et à leurs disciples

« Le titre de votre livre est éloquent, m'a dit un ami rabbin mais pourrait être sacrilège pour des juifs ou des musulmans. » Je n'en sais trop la raison et n'ai voulu choquer aucun de mes frères croyant au Dieu unique. Un tel titre pourtant ne saurait être sacrilège pour les chrétiens.

« La Chair de Dieu » devrait en effet leur parler, à eux qui font de l'incarnation de Dieu l'un des piliers de leur foi : « Le Verbe s'est fait Chair et Il a habité parmi nous. »

Si l'on demandait aux chrétiens : « Croyez-vous en l'Incarnation ? », ils devraient unanimement répondre « oui », car celui qui réduirait la portée de l'Incarnation contredirait sa foi et donnerait raison à la phrase lapidaire de Prévert : « Notre Père qui êtes aux cieux, restez-y. »

Cependant, croire au principe de l'Incarnation est une chose, admettre concrètement sa réalité en est une autre. La récente tempête soulevée par *la Dernière Tentation du Christ* n'aurait aucun intérêt si elle n'était révélatrice de la difficulté des chrétiens à admettre toute la dimension de l'Incarnation.

Comment la pensée que le Christ, « vrai Dieu-vrai homme », ait pu connaître – aussi – cette tentation-là peut-elle blesser des chrétiens sereins vis-à-vis de leur condition d'homme ? Des chrétiens assez familiers de l'introspection pour savoir distinguer, du fond de leur conscience, la *tentation* de pécher du *péché* lui-même. Même si l'Évangile n'en dit rien, parce que cela n'a aucun intérêt par rapport à l'essentiel du message de Jésus-Christ ! Il est clair, en vérité, qu'on veut bien envisager

9

tous les aspects de l'Incarnation, à l'exception de celui du sexe. Or rien n'explicite mieux l'Incarnation, me semble-t-il, que l'homme et la femme s'unissant jusqu'à fusionner dans la conséquence d'un amour véritable. Bien pauvres Fois, tout de même, que celles dont le Dieu est à la merci de quelques mètres de pellicule et de prétendus « versets sataniques » !

Revenons à l'Incarnation. Les chrétiens y croient-ils, oui ou non ?

Ils sont portés à dire « oui » sans hésiter, car c'est le dogme qui fonde leur foi. Parce que cela leur plaît aussi de penser que le Fils de Dieu est venu habiter leur terre.

Mais répondre « oui » est lourd de conséquences. Cela signifie que le chrétien considère la chair de son frère humain, vivante, affamée, souffrante ou mourante, comme chair de Dieu et comme sa chair. Le chrétien est menteur quand il dénomme Dieu « son Père », s'il n'a pas tout fait pour que « l'autre » soit vraiment son frère.

L'Incarnation permet enfin à l'homme de parler de Dieu, elle ouvre cet espace de dialogue, ce champ d'images et de représentations que lui impose sa faiblesse pour qu'il croie. Mais ici surgit la difficulté essentielle. La Bible nous dit en effet du Dieu-Père, le Créateur, qu'Il est ineffable, Celui dont on ne peut rien dire et dont on ne peut, ni ne doit, faire de représentation.

Que signifie, dès lors, la formule : « Dieu a créé l'homme à Son image » ? Image (du latin *imago*, qui signifie imitation, portrait), voilà le grand mot ! Nous avons des yeux qui voient, et il leur faut des images. Comment pourrions-nous imaginer sans image ? Et la première des images n'est-elle pas la nôtre, dans le miroir ?

On sait cependant tout ce que ce mot d'image peut générer d'ambigu. Ne serait-ce que parce qu'il implique des *représentations*. Et comment représenter l'image de Celui qui n'a pas d'image ?

Les humains ne s'en sont pourtant pas privés ! A défaut d'image de Dieu, l'homme s'est fait un Dieu à son image. Ce qui a fait dire à Voltaire : si Dieu a fait l'homme à son image, ce dernier le lui a bien rendu. Et si vraiment Dieu a créé l'homme à son image, me dit un ami athée, ce n'est pas une réussite! Est-il par conséquent possible d'admettre que Dieu ait vraiment créé l'homme « à son image » sans que l'homme soit pour autant l'exacte « image de Dieu »? Et ne convient-il pas ici de se défier surtout de l'apparente simplicité du mot?

Les croyants se sont en tout cas construit une certaine imagerie de leur foi. Imagerie devenue aujourd'hui insoutenable. Par quoi la remplacer? Par une autre imagerie, tout aussi réductrice? Ou par des fondements qui respectent la foi sans choquer pour autant la connaissance que nous donnent de l'homme du XXIe siècle, les sciences, c'est-à-dire ce que nous savons aujourd'hui de sa biologie et de sa génétique? Des fondements qui concordent avec ce que nous connaissons de la naissance, de la vie et de la mort. Avec ce que nous a dit Jésus-Christ-Dieu incarné des grandes interrogations humaines et du Dieu-Créateur, son Père.

S'ils ont besoin de théologie, les femmes et les hommes de notre temps – les jeunes en particulier – se sentent surtout concernés par l'humain, l'être de chair et de sang, et veulent approcher Dieu par l'homme vivant. Viscéralement, pourrait-on dire, et dans l'esprit par conséquent de Vatican II. Pourquoi refuser de voir en effet, puisque les éternelles interrogations de l'être humain demeurent toujours aussi aiguës, que la Chair de Dieu donne du sens à l'être de chair?

Médecin, j'ai choisi ici de parler de Dieu à travers Sa Chair. Celle de l'homme naissant, vivant, aimant, désirant, procréant, souffrant, mourant. Parce que je suis au contact permanent de la vie et de la mort, je me propose de scruter la contribution qu'apporte à la foi chrétienne l'approche de l'être par sa chair. Non pour l'étayer, sous forme de preuve, mais pour l'éclairer de son témoignage.

La dichotomie de l'être humain en corps et âme a malheureusement dévasté le christianisme autant que la pensée occidentale depuis Platon. Or les grandes questions qui exaltent et angoissent notre temps (technosciences, génétique, procréatique, etc.) nous ramènent sans cesse à l'être global, c'est-à-dire à l'humain et au divin de l'humain. Il est urgent de le considérer dans sa globalité, ou plutôt de le reconsidérer – si nous voulons bien admettre, en nous fondant sur notre acquis scientifique actuel, que les notions d'esprit, d'âme, de pensée et même de corps sont difficilement tenables.

Car l'humain, l'humanisme, l'humanitude – qu'on dénomme comme on veut le sens et la grandeur de l'homme – sont menacés par le rejet ou l'incapacité d'une transcendance, dans un environnement humain qui a subi plus de modifications dans les cinquante dernières années que dans les cinq cents précédentes.

Il n'est que d'observer l'évolution : depuis les excès d'une foi qui méprisait la chair pour n'élire que le sublime, jusqu'à ceux de notre époque qui lui vouent un culte excessif (tous deux également dépossédés du sens), il reste paradoxal que les chrétiens soient incapables de proposer aux jeunes de notre temps, qui n'adhèrent à d'autre réalité qu'« incarnée », le témoignage de leur Dieu, incarné et ressuscité.

La force vertigineuse du christianisme, c'est en effet d'affirmer par l'Incarnation le lien indissoluble entre l'être et son Créateur, Dieu et le monde, le soma et la psyché, et de répéter avec force, jusqu'au scandale, que *la Chair est le lieu de la transcendance.*

Parce qu'il s'est *incarné*, Dieu est *aussi* un être de chair et de sang. « Prenez mon corps, buvez mon sang », dit le Christ, lorsqu'il se propose de demeurer parmi nous. « Le christianisme est une religion du corps », répète Henri Fesquet [1]. Il ne sert à rien de dire : « Le Verbe s'est fait Chair » si nous ne regardons cet homme, vivant, souffrant, mourant, créant, comme sacré, c'est-à-dire à la fois différent et continuateur de son Dieu.

Car il est évident que s'est établie, entre Dieu et l'homme, une aventure définitive de solidarité. Je veux dire que l'homme ne cesse d'actualiser dans sa chair la divinité de Dieu perpétuellement renouvelée. Et je suis, moi, médecin, sans cesse confronté aux deux pôles extrêmes de cette aventure, de cette parousie permanente,

---

1. Henri Fesquet, *Expecto*, Actes Sud, 1988.

aux points de tangence où la Chair de Dieu est immédiatement chair de l'homme, aux moments où celle-ci vient de Dieu et retourne à Lui.

Si je ne sais et ne peux par conséquent rien dire de « l'Image de Dieu », je peux parler de sa « Chair ». Cette merveille de simplicité et de perfection, de fragilité et d'obstination, d'éphémère et de pérenne. Je peux parler de son Visage, celui du Christ. Ou plutôt de ses visages, ceux de l'homme dans tous ses états. Parmi la collection de visages qu'a retenus ma mémoire de médecin, la plupart sont trop flous pour obéir à mes efforts de dessiner leurs traits. Trop nombreux, ils se sont superposés, conglomérés. D'autres étaient assez singuliers pour s'être gravés là, devant moi, et me parler du Christ et me parler de Dieu. Assez éloquents grâce à leur beauté ou malgré leur détresse pour que je puisse croire.

I

CHAIR DE DIEU EN CHAIR D'HOMME

Qu'est-ce qu'une vie humaine? Le parcours entre la chaleur d'un utérus et le froid d'un sépulcre. Entre un ventre chaud baignant l'enfant contre le cœur battant de sa mère et la décomposition de ce corps de lumière. Entre ces deux extrêmes, entre le début et la fin (au mieux huit à neuf décennies), se déroulent le grandiose et le dérisoire de l'humain, toujours recommencés.

Est-il placé, ce trajet, sous le seul signe du hasard et de la nécessité? Résulte-t-il du simple accomplissement biochimique de molécules, parcourant, comme chez les animaux ou les végétaux, leur cycle programmé? Sans doute. Mais le parcours humain en diffère radicalement. Combien de chrétiens ont-ils suffisamment évolué pour dépoussiérer leur vision des origines de l'homme (c'est-à-dire l'image mythique d'Adam et Ève) au plumeau des acquis et théories scientifiques?

A l'éternelle question « D'où vient l'homme? », Jean Rostand répondait : « D'une lignée de bêtes aujourd'hui disparues et qui comptait des gelées marines, des vers rampants, des poissons visqueux, des mammifères velus. Ce petit-fils de poisson, cet arrière-neveu de limace a droit à quelque orgueil de parvenu. D'une certaine lignée animale qui ne semblait en rien promise à un tel destin, sortit un jour la bête saugrenue qui devait inventer le calcul intégral et rêver de justice. » On remarquera qu'une personnalité aussi éminente que J. Rostand ne mentionnait pas un élément aussi essentiel que la parole, car il aurait pu écrire : la bête saugrenue qui devait se mettre à parler et inventer tout ce qui s'ensuivit...

Sa formulation implique, quoi qu'il en soit, l'évolutionnisme, un « acquis aussi irréversible que la rotation de la terre », auquel génétique et biochimie ont apporté des arguments définitifs.

Il y a près d'un demi-siècle, P. Teilhard de Chardin (acquis, dès 1911, à cet évolutionnisme) portait le regard d'un scientifique sur ses connaissances théologiques, en passant par la biologie, la métaphysique, la logique, pour aboutir à une mystique du cosmos [1].

A travers ce cosmos, considéré non d'une manière statique, mais en « cosmogenèse », c'est-à-dire en évolution vers Dieu, il déchiffrait en filigrane « la montée du divin » sous-jacente à l'évolution de l'humain, et à la « montée » de l'humanité tout entière. Qui se développait, à ses yeux, du « cosmique » vers « l'humain », et enfin vers le « christique ». Qui allait, en quelque sorte, de l'*Homo erectus* jusqu'à l'*Homo faber* et *sapiens*, pour atteindre enfin l'« *Homo mysticus* », cher à Jean Guitton.

Malheureusement, une fois encore, la hiérarchie a préféré la prudence à la marche en avant. Sous la pression de l'autorité ecclésiale, cet homme a été réduit à se présenter comme un penseur indépendant, à refuser une chaire au Collège de France, à voir ses travaux (appréciés aux États-Unis) interdits en France (où ils n'ont circulé que « sous le manteau »). Et j'ai, pour ma part, la conviction que sa dialectique ésotérique, qui a considérablement limité la portée de son œuvre, correspondait au paratonnerre contre les foudres de quelque condamnation théologique.

Sa dialectique était pourtant éloquente d'une théologie moderne, en cohérence avec ses connaissances scientifiques, lorsqu'il évoquait par exemple « Dieu de l'en-haut » (Dieu transcendant de la Genèse) et « Dieu de l'en-avant » (Dieu du monde évoluant en cosmogenèse), que synthétise le Christ. Cette distinction cryptée n'était-elle pas prophétique de la foi chrétienne actuelle qui associe à ses aspects immuables la compréhension que les connaissances modernes donnent du monde, de l'homme, et finalement de Dieu ? La vision de Teilhard s'inscrivait en tout cas dans le droit fil de la pensée de Thomas d'Aquin, doc-

1. Cl. Cuenot, *Teilhard de Chardin*, Le Seuil, 1962.

teur de l'Église, dont la *Somme théologique* s'articule autour du thème central d'une harmonie entre Foi et Raison et s'applique à lier l'œuvre d'Aristote aux textes bibliques.

Regret pour le temps perdu! Si, à l'aube de ces trente années durant lesquelles les sciences ont plus évolué qu'en trente siècles, au lieu de freiner cet homme prophétique on l'avait soutenu, entouré, encouragé en chef d'École, quel bond en avant aurait pu être fait!

Reprenant aujourd'hui la question « D'où vient l'homme? », on peut proposer, en termes de chronologie, les étapes approximatives suivantes :

• 15 milliards d'années : le big-bang, expansion brutale et extraordinaire de l'univers (non pas à partir du néant, c'est-à-dire *ex nihilo*, mais du vide, celui des physiciens, qu'est le vide quantique, un milieu d'une richesse extraordinaire en énergie, produisant lors d'une fluctuation particulièrement gigantesque de particules virtuelles le big-bang dont est issue la matière).

• 4,5 milliards d'années : apparition du Soleil.

• 3,5 milliards d'années : apparition des molécules d'ADN (c'est-à-dire des premiers êtres vivants capables de faire des copies d'eux-mêmes et donc de déjouer le rôle destructeur du temps); débuts de la vie cellulaire : les algues bleues, tout premiers organismes monocellulaires devenus au fil du temps protozoaires, mollusques, poissons, reptiles, oiseaux, mammifères, primates et hommes.

• 500 millions d'années (?) : premières structures capables de se reproduire, non plus par segmentation, mais par coopération de deux géniteurs, unis pour procréer un être nouveau (ce qui signifie des patrimoines génétiques nouveaux, aussi divers qu'uniques).

• 400 millions d'années : apparition des vertébrés (aquatiques d'abord, terrestres ensuite).

• 25 millions d'années : les primates.

• Quelques millions d'années : la vie « intelligente ».

A partir de là, l'évolution s'accélère de façon exponentielle, du paléolithique avec ses sépultures, jusqu'au néolithique récent avec l'écriture. Le cerveau se développe, la main s'affine, le larynx articule, l'homme maîtrise ses instruments, domestique les animaux, représente sa vision des choses et c'est la naissance de l'art.

Ce schéma appelle deux remarques : d'abord, ces différentes étapes sont en fait *artificiellement distinguées.* Ainsi, par exemple, les éléments primaires (carbone, oxygène, hydrogène, azote) peuvent s'unir pour constituer des acides nucléiques, mais comment s'est faite la synthèse des protéines correspondantes ? Car pour faire de l'ADN, il faut une enzyme (l'ADN-polymérase), qui est elle-même une molécule déjà complexe dans l'échelle biologique. D'où est-elle issue ? Deuxième remarque : cette évolution n'a pu être linéaire, mais buissonnante. Nous constatons aujourd'hui que certaines espèces, végétales et animales par exemple, radicalement différentes des autres, sont en fin de chaîne évolutive : dans le règne animal, les insectes sont en bout d'évolution, et ne peuvent désormais devenir autre chose que des insectes.

Dans cette longue évolution, où se situe l'intervention de Dieu ? Il faut commencer par évoquer une erreur. Celle qui consiste à récuser l'évolutionnisme (donnée scientifiquement établie) afin d'échapper à l'incertitude de la main de Dieu dans la création de l'homme. En d'autres termes, objectent certains, si l'homme commence avec la création d'Adam et Ève, tout est simple. Si tout a commencé par une algue bleue, peut-on dire encore que l'homme est créature de Dieu ?

Les témoins de Jéhovah consacrent un beau livre de deux cent cinquante pages, largement distribué, à récuser l'évolutionnisme parce qu'ils ont la faiblesse de craindre que celui-ci nie l'intervention de Dieu dans la création. On se croirait en 1925, lorsqu'un instituteur du Tennessee fut condamné à 100 dollars d'amende pour avoir bravé la loi interdisant « l'enseignement des théories évolutionnistes de Darwin ».

Une telle attitude, qui se renouvela, est désolante. La main créatrice de Dieu, merveilleusement représentée par Michel-Ange au plafond de la Sixtine, a pu intervenir n'importe où, n'importe quand, une fois ou des milliards de fois, dans la longue évolution d'une bactérie jusqu'à l'homme. Ne serait-ce que, rappelons-le, parce que Dieu

20

est *hors du temps* et parce que la création n'est pas un acte ponctuel; l'homme est créé perpétuellement, en relation permanente avec la même source (Actes 17/24-28).

La Bible n'est pas un atlas de théories cosmogoniques. Elle est à la fois théologie pour l'homme et anthropologie de Dieu. Le livre de la Genèse y est apparu postérieurement à d'autres récits du Pentateuque, comme la fuite d'Égypte.

Quel est son fondement? Des croyants – le peuple de la Bible – se posent la question de la création du monde et de l'homme. Ils regardent cette création avec leur culture et leur sensibilité et en déduisent une élaboration qui projette du présent (connu) sur les commencements (ignorés). A partir de leur foi, ils mettent en ordre leur monde tel qu'ils le voient, ils élaborent une cohérence (la seule notion d'évolutionnisme étant suggérée par le symbole des sept jours successifs de la création!). L'histoire d'Adam et Ève est donc une fable au sens fort du terme, c'est-à-dire un récit inventé pour dire le vrai.

On comprend dès lors que le texte ne saurait avoir de prétention scientifique. L'objectif était avant tout « l'affirmation fondamentale que tout ce qui est dépend de la donation radicale de Dieu [1] ». La Bible ne dit jamais (exception faite d'un texte tardif – II Macch 7/28 –, en outre, empreint déjà de culture grecque) que Dieu a créé l'homme à partir de rien. *Ex nihilo.* Elle nous dit que Dieu a tiré l'homme « du limon de la terre », formule à la fois assez imprécise et poétique pour n'interférer avec aucune hypothèse scientifique.

Que nous importe, finalement, que Dieu ait d'abord créé l'homme sous la forme d'une algue bleue, ou qu'il ait « inventé » d'emblée un « bébé-Einstein »?

Le croyant rejette donc aujourd'hui autant le créationisme (qui refuse l'évolutionnisme, au nom de la Bible) que le scientisme (qui n'admet d'autre source de connaissance que la science empirique), ou le concordisme (qui voudrait mettre en relation toute donnée scientifique avec un texte de la Révélation).

1. G. Martelet, *Libre Réponse à un scandale*, Éd. du Cerf, 1987.

21

« Si Dieu a créé l'homme, m'a dit le savant Albert Jacquard, cette création se situe au moment du big-bang qui, implicitement, la contenait déjà. Je suis né le jour du big-bang, en même temps que les étoiles. Je fais donc partie de l'univers et m'émerveille de cet univers qui m'a produit, mais mon cerveau fabuleux d'humain me place à la pointe de cet univers.

« Le big bang est le seuil au-delà duquel je ne peux pas comprendre mais il correspond davantage à la création du temps qu'à celle de la matière. »

« Êtes-vous croyant? », ai-je demandé à A. Jacquard. « Je fais tout ce que je peux pour ne pas croire mais je ne peux pas m'en passer. Ce qui m'oriente vers Dieu, c'est ce qui, en moi, n'est pas moi. " Plus est en moi ", disait saint Augustin. Mais attention! Dire " Lui ", c'est déjà trop. Dieu est ineffable. Il n'est pas à mon image et ne peut pas l'être puisque je baigne dans le temps et dans la durée, ce qui n'est pas son cas.

« Mais l'homme, par sa complexité, a pris le relais de la création, il a pris en charge son destin. La nature n'a pas été capable de faire l'*Homo sapiens*. Elle a fait l'*Homo erectus*, l'*Homo faber*, mais c'est l'homme qui s'est fait *sapiens*. Il a échappé à la nature et s'est donné un plus. Il est devenu capable d'émotions, d'exigences, de science. Il a inventé la beauté. Il découvre et recrée le monde. Alors que dans la nature tout est soumis, l'homme est celui qui dit non. Il pense, il se projette dans l'avenir.

« La quête du scientifique et du chercheur est un des fondements de la dignité humaine. Mais la réponse globale qu'ils recherchent et dont ils ont besoin, ils ne l'auront jamais, car il manque et manquera toujours quelque chose; ils doivent se contenter de réponses intermédiaires. »

Ce propos d'Albert Jacquard appelle deux remarques et une question.

— Si le croyant peut globalement l'approuver, il soulignera simplement que « le relais de la création » représente, à ses yeux, la continuation par l'homme, auquel elle a été confiée, de la création divine.

— L'homme ne s'est pas seulement fait *sapiens*, il a

aussi modifié son être qui ne résulte pas exclusivement de la génétique mais aussi d'un « plus », celui de l'acquis.

– Est-ce que « ce qui en moi n'est pas moi » n'aurait pas quelque rapport avec « l'âme » ?

« Et l'âme ? » C'est la question d'une écolière écrivant à mon maître et ami, le Pr Jean Bernard, qui l'a reprise pour titre de son dernier livre [1].

Il y a quelques années seulement, la réponse aurait été simple car nous avions des réponses (à tout). Elles étaient fausses, mais (toujours) prêtes.

On avait vite fait de distinguer le corps – c'est-à-dire des membres et des appareils pour voir, se mouvoir, respirer, digérer – et l'esprit, évidemment situé dans la tête, source de l'intelligence et de la transcendance humaine désignée par ce mot à tout faire : l'âme.

Le dictionnaire donne du mot « âme » plusieurs définitions [2], et il mérite donc quelque considération, car son histoire a de quoi rendre prudents les théoriciens. C'est à partir du moment où ont été distingués l'« âme » et le « corps » qu'ont surgi aussi, tout au long de l'histoire humaine, des discussions sans fin et de plus en plus absurdes.

Pour savoir, par exemple, si Dieu créait les âmes au fur et à mesure des besoins, ou s'il en avait « en stock ». Pour savoir si chaque individu recevait son âme au moment de sa conception ou s'il devait attendre six semaines, voire sa naissance, pour en être doté. Et d'ailleurs, dans le corps, où se trouvait l'âme ?

Était-elle déposée, comme certains l'affirmaient, dans

---

1. Jean Bernard, *Et l'âme ? demande Brigitte*. Éd. Buchet-Chastel, 1987.
2. Voir les sens proposés par le *Littré* :
    1. *Religion* : principe spirituel de l'homme, conçu comme séparable du corps, immortel et jugé par Dieu.
    2. *Philosophie, et courant* (par opposition au corps) : un des deux principes composant l'homme, principe de la sensibilité et de la pensée.
    3. Principe de la vie morale, conscience morale.
    4. Ensemble des fonctions psychiques et des états de conscience.
    5. Principe de la vie végétative et sensitive.
    6. Être vivant, personne.

les « animalcules séminaux » (on désignait ainsi les spermatozoïdes), ou dans les trompes de Fallope comme d'autres en étaient certains ? Ou bien encore dans la glande pinéale comme on l'avait longtemps prétendu, ou dans le corps calleux du cerveau, comme l'avait démontré La Peyronie, chirurgien du roi ? Avait-on une idée de son poids ? Et que devenait-elle au moment de la mort ? Et par où sortait-elle du corps ? Par les oreilles, la bouche ou le nez ? Et sous quelle forme ? Flamme, souffle, éther ? Et quel était enfin son destin : allait-elle habiter un autre corps ?

Arrêtons là cette série de questions d'un autre âge. Elle souligne, après P. Gazaix, que le symbole est fécond s'il apporte un surcroît de sens et de vie. S'il perd sa valeur de symbole, il se fige dans la croyance et l'absurdité. A partir du moment où il se réduit à des querelles dogmatiques vaines, « on n'échange plus que des dépouilles de mots, sans échange de sens ».

Que pouvons-nous dire aujourd'hui de l'« âme », sinon que nous n'en savons rien ? Les notions philosophiquement très différentes d'« intelligence », de « psychisme », de « vivant », de « corps », qui semblent « aller de soi », demeurent très ambiguës. Paul Valéry, quoique ignorant nécessairement l'extraordinaire avancée actuelle de nos connaissances biologiques, nous avait pourtant mis en garde :

« Des mots comme esprit, pensée, raisonnement, intelligence, sont autant de vases fissurés, de mauvais instruments, de conducteurs mal isolés. Comment raisonner avec eux ? »

Toutes les réflexions philosophiques, psychologiques ou médicales qui prétendent éclaircir ces termes d'intelligence, d'esprit ou de corps n'aboutissent pas toujours à une compréhension plus claire. On a coutume de citer l'exemple d'Alfred Binet, collaborateur de Charcot et auteur du premier et célèbre test « d'intelligence », qui n'a pu, lorsqu'on lui demandait ce qu'il entendait par « intelligence », répondre que par une boutade : « C'est ce que mesure mon test ! » Il est probable que l'on obtiendrait des réponses semblables sur le psychisme de la part des psychologues, sur le vivant de la part des biologistes, sur le corps de la part des médecins.

Seuls, peut-être, les anatomistes et les croque-morts ont la « chance » de savoir à peu près de quoi ils parlent lorsqu'ils évoquent le corps ! Si la première approche du corps, imposée aux étudiants en médecine dans les salles de dissection, les place dans une perspective identique à celle des croque-morts, la réalité clinique les oblige bientôt à se confronter à d'autres difficultés : celles des « ruses du vivant », pour reprendre l'expression de Nietzsche.

Les véritables lignes de partage dans l'être humain ne passent plus aujourd'hui entre le corps et l'esprit. Elles se situent entre vie secrète et vie consciente d'une part, entre biologie et métabiologie d'autre part.

Tout homme, souligne P. Benoît [1] dans ses *Chroniques médicales d'un psychanalyste*, a une double vie secrète. L'une qu'on pourrait dire « personnelle », qui lui est propre et qui n'échappe pas totalement à sa conscience, et l'autre impersonnelle, en ce sens qu'elle est commune à tous les hommes, mais secrète car elle est si éloignée de leur conscience qu'elle leur est cachée. Elle peut être dominée par une représentation inconsciente qui conduira l'individu à « mettre en question l'intégrité de telle ou telle partie de son corps ».

De ce constat peuvent découler pour le médecin deux attitudes. L'une, erronée mais qui prévaut actuellement, consiste à reconnaître « du bout des lèvres » qu'une vie secrète conflictuelle génère des troubles qui seraient « à côté » de troubles d'origine purement biologique. C'est ce qui a donné le discutable concept de « maladies psychosomatiques » et le recours au psychanalyste dès que les examens classiques s'avèrent infructueux. L'autre attitude, la bonne, consiste à reconnaître que la vie secrète des individus et leurs maladies s'articulent en « faits de subjectivité » cohérents, et que cette articulation est inhérente à la structure mentale spécifique de l'individu qui parle et dit « je ». Et ce ne sont pas les sciences positives qui permettent de prendre en compte la vie secrète du

1. P. Benoît, *Chroniques médicales d'un psychanalyste*, Éd. Rivages, Paris, 1988.

patient dans sa maladie, donc dans son traitement, mais seulement ses propos, ses comportements et ceux de ses proches.

Cette conviction ne devrait évidemment pas être sans effet-retour sur l'attitude du médecin. La subjectivité n'est pas du seul côté du malade, et il lui faudrait comprendre que ses paroles et ses actes à lui, médecin, ne sont pas seulement issus de sa technique, que leur effet ne tient pas seulement de la gestion d'un savoir objectif, mais de ce qu'il dit, lui aussi d'après sa propre construction d'homme. L'efficacité comme la fraternité vraie sont au prix de cette conscience, nous y reviendrons.

Je bois soit parce que j'ai soif (mes cellules déshydratées réclament de l'eau : soif biologique), ou bien sans avoir soif, tout simplement pour éprouver le plaisir de boire (métabiologie).

Si anatomie et biologie sont le support de l'humain, elles ne le résument pas puisque s'y associent également la vie consciente et la vie inconsciente.

On connaît bien ce tableau représentant la consultation du Pr Charcot à l'hôpital parisien de la Salpêtrière. On y voit des femmes convulsées ou paralysées, délirantes ou hallucinées, qui ne souffrent d'aucune maladie organique, mais seulement d'*hystérie*, c'est-à-dire de troubles cessant aussi « spontanément » qu'ils sont apparus, sans lésion décelable du système nerveux.

Freud, qui fut stagiaire de Charcot, montra, souligne P. Benoît, « comment les paralysies hystériques si fréquentes de son temps (aujourd'hui à peu près disparues) résultaient de l'écart qui séparait l'anatomie réelle des anatomistes [...] d'une autre anatomie : une anatomie imaginaire fondée sur la place de l'image dans la problématique humaine et confortée, dès l'enfance, par l'état des mœurs du temps. En somme, une anatomie psychique, fonctionnant dans la réalité psychique du malade et selon laquelle le mot « bras » ou le mot « jambe » désignaient « tout autre chose » que pour l'anatomiste.

L'homme est travaillé par ce qu'il dénomme son corps. Ce corps contribue à modeler son psychisme. Si bien que ce corps (qui parle et qu'il parle), il en vient à le fantasmer, à l'étudier, le travailler, jusqu'à en transformer la biologie. Et on peut donc parfaitement envisager, estime P. Benoît, que l'espèce humaine en soit venue, tout au long de son histoire, à participer à sa propre création, l'homme résultant autant de processus *biologiques* que des conceptions *métabiologiques* qu'il s'est fait de lui-même. Plus qu'un « animal raisonnable » l'homme est un « vrai-faux animal ».

Le chrétien ne saurait récuser cette sorte de « partenariat » inhérente à la création humaine.

Et le médecin doit désormais s'efforcer de reconnaître et cerner ce pouvoir métabiologique de l'homme, s'il veut le mobiliser en vue de la guérison. Il faut par conséquent affirmer aujourd'hui que la séparation entre le « corps » et l'« esprit » est devenue insoutenable à tous égards. On sait par exemple, aujourd'hui, que si l'encéphale, l'hypothalamus et l'hypophyse demeurent chefs d'orchestre de bien des fonctions du « corps », celui-ci les informe en retour, indissolublement lié à eux par les mêmes types de signaux, messages et récepteurs. Si bien que des collègues américains ont dénommé notre sang « le cerveau mobile », formule éloquente s'il en est.

C'est pourquoi le terme de psychosomatique est lui-même démodé. P. Gazaix et moi-même avons largement justifié par ailleurs [1] notre refus de dichotomie de l'être humain en corps et esprit. Il n'y a pas, selon nous, des maladies qui seraient « du corps », d'autres dues « à l'esprit », et d'autres enfin mixtes, « psychosomatiques ». L'homme est une globalité, une masse de vivant, d'énergie (donc d'hétérogène), dont le destin est, en se déchargeant, d'évoluer vers l'homogène, c'est-à-dire vers la mort (l'homogénéité absolue). Et de même qu'il est en bonne santé globalement, l'homme est malade globalement, par son esprit et son corps.

Il est temps aussi, à l'horizon de l'an 2000, de refuser de pérenniser des conceptions de l'Antiquité, qui considéraient comme pure et siège de l'esprit la partie du corps

1. F.B. Michel et P. Gazaix, *Pour en finir avec les maladies psychosomatiques*, Albin Michel, 1987.

au-dessus du diaphragme (la tête et le cœur), et impure celle située au-dessous (le ventre et ses « bassesses »).

Évoquer la « matière psychique » ne signifie aucunement une quelconque pensée matérialiste, ni a fortiori une opposition à l'existence de Dieu. Je ne vois pas en quoi le fait que « l'esprit » soit une structure de molécules et d'ions contrarierait ma foi chrétienne.

Le sujet « science et foi » a fait l'objet d'une multitude d'ouvrages ; c'est un terrain miné qui donne lieu aux pires errements. Rappelons simplement que *science et foi se situent dans deux champs différents de l'humain.*

La science ne peut répondre (au moins aujourd'hui) aux questions essentielles de l'homme : sa vie a-t-elle un autre objectif que de prolonger la vie ? La conscience, l'angoisse ou l'espoir, qui l'habitent exclusivement, sont-ils chimères ou illusions sans suite ni conséquence ? Seules la foi, la parole de Quelqu'un venue d'ailleurs [1] peuvent répondre à ce genre de questions. Car la science ne démontre pas ce Quelqu'un.

La preuve de l'existence de Dieu n'est pas faite, pas plus aujourd'hui qu'elle ne le sera demain. Tant pis pour ceux qui se sont risqués, par exemple, à attendre un argument miraculeux du saint Suaire de Turin : le carbone 14 les a déçus cruellement en montrant que ce n'est pas vraiment le visage du Christ qu'a essuyé ce suaire puisque celui-ci a été daté de plusieurs siècles après la Passion.

Dieu demeure irréductible, souligne France Quèré. Il n'est pas « prouvable », et c'est heureux, car ce qui est scientifiquement démontrable ne laisse pas de place à la liberté de croire (2 + 2 = 4). « Démontrer » Dieu aliénerait donc la liberté humaine d'adhérer ou non à la foi. Démontrer Dieu consisterait à le définir, c'est-à-dire à l'enfermer dans des limites définies et revenir à un Dieu « à notre image ».

La science ne saurait donc être appelée à la rescousse de la foi. Pour argumenter leur a priori de l'existence ou, au contraire, de la non-existence de Dieu, beaucoup invoquent la science. Vouloir démontrer la foi par la

1. A. Jacquard, *Inventer l'homme*, Éd. Complexe, 1987.

science est, nous l'avons vu, aussi dérisoire que de la nier par cette voie. Ainsi certains auteurs estiment-ils l'homme plus puissant que Dieu, parce qu'il a réussi la synthèse de la vitamine B12 que Dieu (créateur de l'homme) n'a pas su inventer dans le corps de cet homme (puisque son défaut est responsable de l'anémie de Biermer)! Argument aussi pitoyable que puéril! « Rien de plus incongru, écrit Jean Hamburger, que de vouloir écrire de la musique avec les règles du savant, fonder une morale sur le résultat des sciences, discuter de l'existence de Dieu à partir de données biologiques. »

La foi ne saurait être introduite dans le champ du discours scientifique et, inversement, le théologien devrait dire, exactement comme le scientifique : « je ne sais pas », quand il ne sait pas, plutôt que d'avoir réponse à tout.

Science et foi ne sauraient donc être opposées. La foi ne peut ignorer les acquis de la science et doit évoluer en fonction de ces acquis. Plus avance la connaissance scientifique, et plus se trouve ouverte l'approche de Dieu, puisque les avancées invitent l'homme à se dépouiller de ses imageries, de ses erreurs, de ses délires, bref, de son idolâtrie, l'invitent à abandonner toute foi qui ne serait qu'une idéologie sacralisée.

On peut citer un exemple de non-contradiction entre science et foi. La découverte du code génétique nous a appris que du point de vue du généticien chaque être humain parmi les six milliards qui peuplent la planète est unique, parce que les combinaisons aléatoires du polymorphisme de ses gènes ne peuvent aboutir qu'à des êtres uniques.

« Je le savais déjà », pourrait répondre en écho le théologien qui, quoique démuni de cet argument scientifique, a toujours professé que tout homme est unique aux yeux de Dieu.

La biologie va son chemin, les biologistes font leur travail, qui consiste à démêler pas à pas les rouages de la vie; et leurs découvertes n'ont pas fini de nous étonner. Mais dans la mesure où ma foi intègre le biologique dans l'œuvre de Dieu (sans pour autant conditionner Dieu au biologique!), le chrétien que je suis accueillera avec joie tout progrès dans la connaissance de l'humain, parce qu'il ne saurait contredire ma foi. Ce qui réfute par conséquent toute attitude de défense craintive.

Les spécialistes du système nerveux central connaissent parfaitement les zones de notre cerveau qui commandent notre motricité, notre sensibilité, nos sens de la vue ou de l'odorat, etc.

Sous ces zones, actuellement bien répertoriées, qu'y a-t-il? Des milliards de cellules nerveuses (les neurones) et leurs prolongements (les axones), articulés entre eux (les synapses). « Dans les fils de cet immense réseau câblé circulent, souligne J.-P. Changeux [1], des impulsions électriques ou chimiques, intégralement descriptibles en termes moléculaires ou physico-chimiques. » Et sous ces cellules et leur fonctionnement, qu'y a-t-il? De la biochimie moléculaire, c'est-à-dire, finalement, des ions, des molécules, des atomes.

J.D. Vincent [2] nous a par ailleurs confirmé tout ce que nos passions devaient à la biologie. Mais que faire, dès lors, de la pensée ou de l'intelligence? Et l'âme? Pour poser la question en termes caricaturaux : existe-t-il une zone de l'encéphale qui serait le support anatomique de la foi? Ma relation à Dieu est-elle fondée sur tel état mental ou, en termes biochimiques, sur tel médiateur ou tel neuropeptide?

« Tout comportement s'explique, souligne J.-P. Changeux, par la mobilisation interne d'un ensemble topologiquement défini de cellules nerveuses. Cette dernière proposition a été étendue, à titre d'hypothèse, à des processus de caractère " privé " qui ne se manifestent pas nécessairement par une conduite " ouverte " sur le monde extérieur comme les sensations ou perceptions, l'élaboration d'images de mémoire ou de concepts, l'enchaînement des objets mentaux en " pensée ". Bien que l'on soit encore loin de disposer de techniques qui permettent de répertorier les assemblées de neurones mises à contribution par un objet mental particulier, la caméra à positrons offre

1. J.-P. Changeux, *l'Homme neuronal*, Fayard, 1983.
2. J.D. Vincent, *Biologie des passions*, Odile Jacob, 1986.

déjà la possibilité de les " entrevoir " à travers la paroi du crâne. L'identification d'événements mentaux à des événements physiques ne se présente donc en aucun cas comme une prise de position idéologique, mais simplement comme l'hypothèse de travail la plus raisonnable et surtout la plus fructueuse. »

Y a-t-il un lien entre une pensée et une molécule? En d'autres termes, est-ce d'un fonctionnement cellulaire que procède une pensée de transcendance? Probablement, même s'il nous manque le fil rouge entre les deux.

A quoi bon désormais parler d'« esprit », interroge Changeux? Il n'y a pas lieu de séparer activités mentales et neuronales. Les innombrables possibilités combinatoires du cerveau humain suffisent à rendre compte des capacités de l'homme. « Il n'y a plus que deux " aspects " d'un seul et même événement », dénommé différemment selon qu'on le désigne en termes de psychologie ou de neurobiologie. « L'identité entre états mentaux et états physiologiques ou physico-chimiques du cerveau s'impose en toute légitimité. »

Pourquoi ne pas adhérer – pourquoi le chrétien n'adhérerait-il pas – à de telles appréciations scientifiques qui nous invitent à modifier nos conceptions de l'être humain? Et, par suite, pourquoi ne pas adapter notre vocabulaire? Si nous employons encore les mots « corps », « esprit », « âme », c'est parce qu'ils nous demeurent indispensables. Parce que nous sommes une espèce parlante et ne pouvons faire autrement que de nommer. Mais sachons que ces mots sont seulement des outils à perfectionner sans cesse et qui n'épuisent pas le réel.

Et gardons-nous, ici encore, de la tentation de séparer Dieu de sa création. Je veux dire, évitons de croire que Dieu, après avoir créé l'homme, aurait fondé sa relation avec lui sur « autre chose » que de l'humain. Parce que nous sommes toujours tentés de retirer de notre foi des « petits bénéfices » ou des « primes » en termes de merveilleux et de prodigieux. Le merveilleux, il est dans les fantastiques capacités de l'être et de son cerveau, mais Dieu a tout de même le droit de recourir à la physique et à la chimie!

Si j'ai laissé se développer ainsi jusqu'au bout une longue mise à jour des connaissances et de la logique du raisonnement scientifique, il est temps de mettre un terme au propos. Il est temps de revenir au point de départ et, partant, de reconnaître deux erreurs dont il faut définitivement se défier : d'abord, celle du *déterminisme*, qui irait jusqu'à concevoir l'être humain comme une marionnette irresponsable de ses actes, dont les comportements seraient déterminés par les seuls mécanismes humoraux et biochimiques. « Si vos actes, vos sentiments, vos idées même, protestait Georges Bernanos, ne sont que de simples déplacements moléculaires, un travail chimique et mécanique, comparable à celui de la digestion, au nom de qui, au nom de quoi, voulez-vous que je vous respecte ? Citoyens, de haut en bas, vous n'êtes qu'un ventre. » Le « ventre » n'est évidemment pas plus méprisable que l'œil ou la main. C'est le fonctionnement (apparemment) « automatique » d'un tube digestif que Bernanos évoque ici. L'homme se veut libre, et pour ma modeste part, il me paraît l'être.

La seconde hérésie est celle du *réductionnisme*, qui réduirait l'intelligence, l'amour, la foi en Dieu, à des mécanismes scientifiques. La connaissance de plus en plus intime de ces mécanismes ne se substituera jamais au phénomène de la pensée et de la liberté de l'homme. Souvenons-nous du grand Claude Bernard, déplorant de n'avoir jamais trouvé la vie sous son scalpel : c'est précisément l'instrument qui en disséquant le vivant tue simultanément la vie !

Ne cherchons donc pas les « supports » de l'âme, de la foi ou de la charité, parmi les centres sensitivo-moteurs de la cartographie encéphalique ! L'« âme » est à la fois tout entière « chair » d'homme, en même temps que capacité et liberté données par Dieu à cette chair d'accéder à une transcendance qui le conduise vers lui. C'est dire la noblesse de l'homme.

L'*Homo*, aux yeux du généticien, est tout proche des primates. La séquence des bases d'ADN (qui gouvernent la synthèse des substances constituant les individus) est identique, à quelques détails près, chez les espèces voisines et la différence moyenne entre gorilles et chimpanzés est plus grande qu'entre les chimpanzés et l'homme, et parfois plus grande entre deux chimpanzés ou deux hommes qu'entre un chimpanzé et un homme.

En quoi l'espèce humaine est donc radicalement différente des autres? Par le langage articulé tout d'abord, élément d'expression et de communication fondamental. Mais aussi parce que « seul de tous les êtres vivants, écrit A. Jacquard, l'homme a reçu un cadeau décisif, c'est-à-dire le pouvoir de s'attribuer des pouvoirs lui-même et de prendre le relais de la nature ». L'« humanitude », selon A. Jacquard, est l'ensemble « de concepts, d'émotions, et d'exigences [que l'homme] a progressivement imaginé ». Un homme qui s'est habitué – jusqu'à en oublier le caractère extraordinaire – à s'opposer « aux oukases de la nature ». Celle-ci nous avait refusé le pouvoir de voler, nous volons plus vite et plus loin qu'aucun oiseau. La nature condamnait un enfant sur deux à mourir prématurément, nous en faisons survivre 99 %.

En regard de foi, c'est dans cette transcendance singulière de l'humain que se situe la main de Dieu prolongeant sa création inaugurale, transcendance qui lui permet – et l'invite à – une relation d'amour bilatérale.

La création, par conséquent, Dieu l'a bel et bien entreprise à partir d'un colibacille ou d'une algue. Mais Il a donné à l'espèce humaine sa singularité en la dotant de capacités exceptionnelles.

Ce pouvoir donné à l'homme lui a malheureusement « tourné la tête » jusqu'au vertige. S'il a toujours eu, tout au long de son histoire, la liberté de refuser l'amour de Dieu, son pouvoir s'est désormais accru à si grande vitesse qu'il dépasse son contrôle pour risquer de devenir plus malfaisant que bienfaisant. Car son immense puissance (qui trouve tout de même une limite essentielle dans son incapacité définitive à s'opposer à la mort) est associée à une immense fragilité. Quelle fragilité? Celle qui procède précisément de la conscience de ses capacités et limites.

Et l'Incarnation, dans tout cela?

On ne s'étonnera pas que, médecin, je parle du corps. Ce corps que je connais bien. Je serais même assez incollable sur le corps! Après avoir enseigné son anatomie à la Faculté de médecine, j'en connais les détails, le nom de ses artères, les insertions de ses muscles ou le trajet de ses nerfs. Je pourrais décrire aussi son embryologie, son histologie, sa physiologie, sa pathologie.

Puis-je dire pour autant que je le connais vraiment? L'échelle de notre vision s'est déplacée en même temps que s'approfondissait la connaissance que nous en avions. Cette échelle est passée de l'appareil à l'organe, puis de la cellule à la molécule.

Évoquer le corps amène nécessairement le chrétien à évoquer l'incarnation de Dieu et son mystère. Comment ne pas remarquer d'abord que pour les hommes et les femmes de notre temps, habitués au détail historique de tout événement, elle peut apparaître comme invraisemblable? N'est-il pas en effet outrecuidant de proposer aux jeunes de 1990 de croire que le Fils de Dieu est né pour nous dans une étable, il y a 2 000 ans, d'une femme vierge? Qu'il a vécu trente-trois ans, dont trois seulement de vie publique, avant d'être crucifié et de ressusciter trois jours plus tard? En termes de mentalité du XXIᵉ siècle, qui ne croit qu'à ce qui *paraît*, comment croire à tout cela alors que le Christ ne se voit pas dans l'hostie et le vin du calice?

L'essentiel de l'interrogation de la foi réside par conséquent dans la libre acceptation d'adhérer ou non à cette histoire d'amour de Dieu pour les hommes. Car ce n'est « nullement au péché que nous devons le Christ, mais à l'amour de Dieu qui se fait homme pour nous diviniser [1] ».

Et chercher à en démontrer la véracité par des arguments ne la rendra pas plus crédible pour autant. J'ai toujours été agacé par ceux qui appellent à la rescousse des explications scientifiques pour infirmer ou confirmer leur foi ou leur athéisme. « Les preuves fatiguent la vérité », disait Georges Braque.

Tournons la page sur ce sujet. Car l'essentiel, c'est évi-

---

1. G. Martelet, *Libre réponse à un scandale*, Éd. du Cerf, 1987.

demment l'Incarnation elle-même. Nous avons trop oublié le merveilleux de la formule « a pris chair ». Or, c'est là la grande affaire : neuf mois durant, l'utérus de Marie a sécrété de la chair divine. Dans une chair humaine, Dieu est venu s'insérer. Voilà le beau et l'admirable, voilà le grandiose ! Dieu prend corps dans l'une de ses créatures, et voilà que toutes ces créatures en acquièrent la qualité divine. « Cette promotion inimaginable, écrit Henri Fesquet, est une des inspirations les plus géniales du christianisme. » Depuis, les femmes de tous les temps se sentent habilitées « à adorer, au sens fort du mot, leur propre corps ».

« A pris chair de la Vierge Marie », « S'est fait homme » : ce sont les mots décisifs. La tradition avait habitué les chrétiens à s'incliner et à marquer, dans le Credo, un temps de silence pour souligner la solennité de cet *homo factus est*. Et la formule a tellement ému Mozart qu'il y puise, pour l'« Incarnatus est » de sa *Grande Messe en ut*, une inspiration surnaturelle. Cet air provoque (et je pense notamment à l'interprétation de Barbara Hendricks) une extase qui laisse entrevoir le divin, nous fait accéder au plus près de la grandeur de l'Incarnation. L'émotion de l'ange Gabriel qui chante à Marie « Rejoice » dans l'admirable *Messie* de Haendel témoigne de cette même ferveur.

Musique et esthétique disent, tout autant que de longs discours, le vrai de la foi : Marie est indissolublement liée à cette merveille de l'Incarnation et sa réaction en deux temps à l'Annonciation est à la mesure de l'événement. Sa première attitude, de surprise, est tout humaine : « Mais comment cela se fera-t-il ? » Ensuite, merveilleuse est sa réaction de foi : « Qu'il me soit fait selon ta parole. »

Ceux qui la prient avec dévotion, à travers toute l'imagerie des statues de Lourdes ou de Fatima, font-ils l'effort de se la représenter telle qu'elle fut ? L'effort de décrocher de leurs murs les images sulpiciennes, douceâtres et nauséeuses pour mieux voir une jeune femme, de chair et de cœur, c'est-à-dire une juive méditerranéenne au teint mat ?

Venons-en à l'essence divine du Christ. Cela ne me gêne

pas de croire que Jésus est né sans la paternité d'un homme : j'imagine Dieu parfaitement capable de cette parthénogenèse humaine. Mais cela ne me choque pas plus de penser que le Fils de Dieu est né d'un ovule de Marie et d'un spermatozoïde de Joseph. Et d'être né ainsi, comme tous les humains, n'enlève rien, au regard de la foi, à sa divinité de Fils de Dieu incarné. Je veux dire que la divinité de Jésus, selon moi, ne dépend pas de cela et que je n'ai pas besoin d'une naissance sans père pour croire à la divinité du Christ. Car, à défaut de preuve, elle ne constitue en aucune façon un argument à ma foi.

Je me fais une trop haute idée de l'Esprit saint pour admettre que le caractère divin de Jésus, Fils de Dieu, dépend d'un spermatozoïde : l'Incarnation de Dieu ne saurait lui être assujettie. De même que ma foi est fondée sur une libre adhésion sans preuve, de même la divinité du Christ est à mes yeux trop importante pour être conditionnée à une histoire de spermatozoïde. Et l'on ne saurait lier le rôle essentiel de Marie à des questions d'anatomie et d'embryologie.

Si on se demande pourquoi il faudrait, d'ailleurs, que le Fils de Dieu soit né d'une Vierge (vieux mythe commun à d'autres naissances merveilleuses), on peut avancer un élément de réponse. Comme un être de chair ne peut naître, aujourd'hui, que d'une femme, on ne pouvait se passer de Marie. Mais le Fils de Dieu n'aurait pas pu être le fruit d'une relation charnelle. Faire naître Jésus d'une Vierge, c'était donner la preuve immédiate qu'il n'était pas d'essence purement humaine.

Mais pourquoi Dieu ferait-il exception, pour s'incarner et se révéler aux hommes, à une loi naturelle qu'il a lui-même établie ? Le caractère divin de Jésus serait-il fondé sur l'extraordinaire ? Oui, assurément, mais pas de ce type-là.

Qu'on me pardonne de « tournicoter » ainsi autour d'un spermatozoïde (déformation de biologiste !). Mieux vaut se situer dans la perspective de l'époque de la naissance du Christ : si le chrétien d'aujourd'hui peut porter sur ces temps reculés un certain regard, il comprendra que les juifs de Palestine n'auraient pas pu considérer Jésus comme le Fils de Dieu s'ils l'avaient envisagé «seulement» issu de Marie et de Joseph (et beaucoup ne l'ont vu que tel!).

Inversement, pour qu'il soit à leurs yeux le Messie, il fallait, respectant l'annonce de la tradition biblique, qu'il soit un descendant de David et d'Abraham et par conséquent «fils» de Joseph, celui-ci, inscrit dans la descendance davidique, intervenant seul dans la généalogie, la femme n'étant que le réceptacle de l'enfant.

L'évangile de Matthieu présente donc les faits selon cette double exigence : « Voici ce qu'il en fut de l'origine de Jésus-Christ. Marie sa mère, ayant été fiancée à Joseph, se trouva enceinte par l'opération de l'Esprit saint avant qu'ils eussent habité ensemble. Joseph, son époux, qui était un homme juste et ne voulait pas la discréditer, résolut de la répudier en cachette. Comme il y avait réfléchi, voici que l'ange du Seigneur lui apparut en songe et dit : « Joseph, fils de David, ne crains pas de prendre chez toi Marie ton épouse; car ce qui a été engendré en elle vient de l'Esprit saint. [...] Réveillé de son sommeil, Joseph fit comme lui avait prescrit l'ange du Seigneur et il prit chez lui son épouse. Et, sans qu'il l'eût connue, elle enfanta un fils, qu'il appela du nom de Jésus. »

Par ailleurs, si la virginité de Marie constitue une affirmation constante des textes de la Révélation, elle n'a jamais fait (contrairement à son Immaculée Conception) l'objet d'un dogme. On a sûrement trop souligné la virginité *physique* de Marie, alors que l'essentiel est sa *maternité* divine. La véritable interrogation n'est pas de savoir si le caractère divin de Jésus dépend de cette virginité, mais s'il est contradictoire avec le désir de Joseph et de Marie. Je réponds non.

Jésus, conçu de l'Esprit saint : évidemment, puisque Dieu ne saurait être issu que de Dieu. Mais pas nécessairement d'une « opération du Saint-Esprit », au sens où on entend habituellement cette formule, l'« opération » tenant surtout à la nature divine de Jésus. Car, en opposition avec l'« adoptionnisme », hérésie qui prétendait que Jésus-homme aurait été adopté par Dieu pour en faire son fils, un phénomène nouveau s'est véritablement produit au moment de l'Incarnation, comme si, en Jésus, Dieu à la fois prolongeait et reprenait sa création pour une naissance singulière.

Dieu fait homme : que chaque croyant et chaque époque aient donc plus ou moins inventé son Dieu, cela n'est pas douteux puisque Dieu fait partie de la réalité psychique de l'homme. Mais l'authenticité d'une foi réside justement dans sa capacité à se dépouiller sans cesse de « son » Dieu pour rechercher Dieu. A accepter Dieu tel qu'il est, c'est-à-dire parfaitement Dieu et, à travers le Christ, parfaitement homme, puisque ce Dieu s'est incarné.

L'exactitude de la formule « Dieu-homme » n'empêche pas de remarquer que le Christ n'est pas n'importe quel homme, et pas n'importe quel Dieu. Pas le Dieu d'Aristote et des Grecs en particulier, car il bouleverse complètement l'idée que ceux-ci se faisaient de Dieu par la relation d'amour entretenue avec son Père.

Pas n'importe quel homme non plus. Sa naissance déjà donne le ton : il se situe près des humbles, c'est-à-dire ceux qui n'ont pas assez de sécurités pour se sentir suffisants à eux-mêmes. Des bergers par exemple qui (avant de devenir des santons de Provence ou des « écolos-barbus ») étaient aux yeux des juifs de Palestine des gens exerçant un sous-métier impur parce que touchant au sang et aux excréments.

Les Hébreux croyaient que Dieu leur enverrait un Messie : voilà que leur est donné un Christ au comportement radicalement différent de leur attente. Avec sa façon parabolique de parler, il tient même d'emblée des propos extravagants. Il surprend, trouble et provoque.

Il fréquente les exclus, les marginaux, les malades, des gens qui, dans l'esprit de l'époque, ont partie liée avec le péché puisqu'il était habituel de demander, à propos des infirmes : « Sont-ce ses parents ou lui qui ont péché ? »

Les Hébreux attendaient un Dieu justicier, qui chasserait enfin l'envahisseur romain, et voilà le Christ qui remet rapidement les choses en place : « rendez à César ce qui est à César et à Dieu ce qui est à Dieu ».

Les Hébreux rêvaient de moissons, le Christ leur parle de semailles (et encore pour semer de bien petites semences : des grains de sénevé, tombés en terre pour y mourir !)

Ils découvrent un homme aux pratiques scandaleuses et étrangères aux leurs. Qui commence par dire au paralytique, qu'on a fait descendre par le toit pour le lui mettre sous les yeux : « Tes péchés te sont remis », propos tout à fait impertinents pour des juifs puisque seul Dieu peut pardonner les péchés. Mais il ne fait pas seulement le « beau parleur »; il le guérit aussitôt : « Prends ton brancard et rentre chez toi. »

Cet homme a l'audace de contredire la loi du talion, en affirmant qu'il faut pardonner à ses ennemis. Il abat toutes sortes de barrières sociales de son temps. Plus tard, il parle aux femmes, alors que les rabbins ne leur adressent pas la parole. Il parle même avec une Samaritaine, femme d'une sous-classe de bâtards.

Ceux qui s'inventent un Dieu selon leurs désirs auraient-ils inventé, enfin, un Dieu humilié et crucifié? Une certaine présentation de la foi en Jésus-Christ a exploité, il est vrai, de façon morbide la Passion de ce Dieu humilié. Suffisamment morbide, en tout cas, pour susciter durablement des mentalités (plus ou moins consciemment) sadomasochistes et doloristes. Mais l'essentiel est l'obligation qui est faite aux chrétiens : puisque nous croyons à l'Incarnation, alors admettons que Dieu habite en tout homme et recherchons en lui le visage du Christ. Alors, respectons l'Autre dans sa chair, parce qu'elle est chair de Dieu. Comment, sinon, ne pas rejeter puis supprimer l'Autre, dont l'altérité même nous est agression : le malade, l'infirme, le malformé, le handicapé, l'exclu, le marginal, le différent, le fou, le débile, le gâteux, le monstrueux...

Alors, encourageons et applaudissons le gagneur, l'élite, le leader : toute société en a besoin. Mais aucune société, aucun chrétien, ne peut s'arrêter à ceux qui réussissent et laisser tomber les échoués. Si nous croyons à l'Incarnation, renonçons à la chimère du parfait, du propre, du tout beau. Renonçons à croire qu'il suffit d'exterminer quelque

« infidèle », d'excommunier quelque évêque, d'expulser quelque étranger pour qu'arrive enfin le règne de Dieu. Car elles reviennent périodiquement, les tentations « d'épuration » : en Colombie, les Escadrons de la mort pourchassent et tuent les clochards, les prostituées, les homosexuels dans ce qu'ils dénomment des « opérations propreté »...

De quel droit, à partir de quelle interprétation aberrante, pourrait-on décider que tel être est partie de la chair de Dieu et que tel autre ne l'est pas? Est-ce en un monde aseptisé que Dieu a choisi de s'incarner, pour y vivre dans la quiétude de normes qu'on dirait aujourd'hui « bourgeoises »?

« Ce n'est pas une existence humaine quelconque que Dieu a choisi de vivre, écrit Michel del Castillo. C'est en effet une existence d'échec, ce qui devrait nous ouvrir les yeux sur le sens de ce mot " chrétien ". Nous ne sommes pas [...], nous ne pouvons pas être les gardiens de la vertu, les interprètes de la loi, nous sommes les témoins de l'échec. Le monde qui nous a été confié, celui que nous avons mission de retourner, c'est le monde de la misère et de la douleur, de la solitude et de l'abandon. Dieu n'habite plus dans les étoiles, poursuit-il, mais dans le miroir impitoyable de toute personne humiliée. Il n'est ni invisible ni inaccessible, il nous tend la main au coin de la rue. »

Dieu s'est voulu homme, tout homme... et totalement homme : L. Steinberg a consacré un très bel album [1] au caractère sexué des représentations du Christ dans l'art de la Renaissance, caractère qui a été refoulé dans les temps plus récents. Si les peintres avaient voulu ces représentations réalistes du Christ, c'était afin de leur donner la signification théologique recherchée : ils avaient rendu au sexe du Christ sa beauté, c'est-à-dire son témoignage de l'Incarnation de Dieu. Ils rendaient hommage à l'humanité de Dieu, né et mort nu, pour témoigner de la chair de Dieu vouée à la Résurrection et à l'éternité.

Si inaccessible que soit Dieu et parce qu'il est inaccessible, nous avons perdu (en perdant l'art religieux, notam-

---

1. Léo Steinberg, *la Sexualité du Christ dans l'art de la Renaissance et son refoulement moderne*, Gallimard, 1987.

ment) des dispositions de prière profondément « char-
nelles ». Comment, après les représentations magnifiques
du Moyen Âge (tel le « Dévot-Christ » de Perpignan dont
la tête tombante, les membre raidis et le thorax décharné
attestent la déréliction), a-t-on pu régresser jusqu'à ces
atroces crucifix de plâtre blanc ponctués de rouge qui ont
envahi nos églises au XIXe siècle!

L'incarnation du Fils de Dieu, c'est l'Incarnation de la
chair et de la parole de Dieu. Avant que le Christ ne
vienne la proclamer, le doigt de Dieu lui-même l'a écrite
sur les Tables de Moïse, en d'autres termes, l'a incarnée
dans des mots humains, comme l'indique Maimonide dans
son *Guide des égarés* : « Les Tables de la Loi sont œuvres
du doigt de Dieu.» C'est évidemment une image, mais
elle montre que l'Incarnation, c'est à la fois la chair et la
parole de la chair, le verbe, dont l'Eucharistie retrouve
l'union intime.

Au chapitre IV du Livre des proverbes, en effet, la
Bible, après avoir rappelé la « sagesse » créatrice et son
invitation suprême (« Heureux l'homme qui m'entend »),
exhorte celui qui veut marcher dans la voie de l'intelligence :

>   « Venez, mangez de mon pain,
>   buvez du vin que j'ai préparé. »

Celui qui écoute avec ferveur la parole de Dieu et la
comprend voit donc transformée la dynamique de sa vie et
sublimé son être. Quand, lors de la Cène, prenant du pain
et du vin, le Christ dit aux apôtres : « Voici ma chair, voici
mon sang », il fait référence à l'Ancien Testament et parle
essentiellement de son message et de ses préceptes, c'est-
à-dire de ce qu'il représente (tout l'Évangile johannique
présente le Christ comme la Sagesse de Dieu). Participer
à l'Eucharistie, c'est donc absorber la personne du Christ
et le dynamisme de sa parole.

Et avec quels symboles! Le corps du Christ issu du pain
des hommes, avec tout ce qu'il représente de sang et de
larmes, d'humains qui en ont trop et d'autres pas assez,
asservis à leur tâche sans autre espérance que la survie. Et

le vin du sang du Christ, vin de la joie au cœur de l'homme, cette joie absente de tant de vies, au désir humain inassouvi. Si bien que la « présence réelle », c'est aussi la sémantique de Jésus. Les analyses biochimiques les plus fines ne démontreront jamais dans l'hostie et le vin du calice la présence du Christ, réelle présence pourtant quand le chrétien lui donne son sens. Croire en la présence réelle, c'est donc croire que par une voie mystérieuse l'incarnation du verbe en vient à changer la réalité.

Et Dieu sait si on a disserté sur cette « présence réelle » et la « Transsubstantiation ». Dieu sait si on a culpabilisé des générations entières avec les hantises du jeûne absolu avant la communion, ou du sacrilège des minuscules parcelles d'hostie perdues. On avait « chosifié » l'essentiel, à savoir la présence de Dieu dans l'Eucharistie.

Un saint vieux prêtre de campagne ne me disait-il pas (bien avant qu'on ne parle d'intégrisme ou de réformisme) que l'une des tristesses majeures de sa vie était de devoir proposer le corps du Christ à des bouches grandes ouvertes. « Déposer le noble don du Christ sur des langues tirées », déplorait-il !

Et si on réhabilitait, ici aussi, la chair ? Je veux dire si le grand bonheur d'accueillir le corps et le sang du Christ était *aussi* un bonheur physique, sensuel autant qu'amoureux, c'est-à-dire un bonheur tout court ? Si on honorait la main, cette merveille, et particulièrement celle qui, usée par toute une vie de travail, d'amour et de prière, n'est plus animée que de gestes de mansuétude, de mouvements paisibles et mesurés, doux comme des caresses ?

Tout homme Adam, tout homme Christ : telle est la dualité essentielle qui, loin d'être source de contradiction stérile, dynamise la condition humaine.

Il faut ici évoquer la formule fameuse de « péché originel ». Nous avons tous du mal à penser qu'une créature nouveau-née de la main de Dieu soit entachée d'un péché qu'elle aurait commis *de facto*, par le seul fait de naître humaine. L'histoire du Christ crucifié pour racheter le péché d'Adam et Ève, et ceux de sa descendance humaine, ne « passe » plus. Le Fils de Dieu est mort en croix parce qu'ayant voulu partager la condition humaine il en acceptait l'humaine conséquence. Il acceptait de vivre notre condition de souffrant et mourant.

Non, le péché originel c'est la potentialité inhérente à l'humain d'être pécheur et d'être sauvé, ce qui, en contre-point, réfère tout homme à Adam d'une part, et à Jésus-Christ de l'autre.

Adam est l'éponyme de l'humanité, « son représentant symbolique sortant des mains de Dieu ». Disons, pour faire concret, qu'il est l'*Homo faber* ou l'*Homo habilis* des aurores de l'humanité. Dire qu'Adam est marqué du péché originel ne revient à dire ni que ce malheureux serait né taré, ni qu'il serait le responsable des fautes de toute l'humanité à venir, comme on l'en a souvent accusé.

Lorsqu'il évoque le péché d'Adam, le rédacteur de la Genèse se réfère au péché qu'il connaît, le sien ou celui qui l'environne. Il parle du péché potentiel de l'homme, qui n'est pas foncièrement mauvais, mais risque de se perdre au mésusage de sa liberté. A fortiori, la faute d'« Adam-Humanité » n'a donc rien à voir avec la sexua-lité, comme on l'a longtemps insinué. Elle consiste à se vouloir Dieu, c'est-à-dire à vouloir faire passer le « Tout-Autre dans la catégorie du même » : c'est bien la tentation vertigineuse de notre époque.

Et nous, hommes du XXIᵉ siècle, sommes encore mieux placés que le rédacteur du livre de la Genèse pour comprendre le péché originel et en parler. Car l'Histoire la plus récente de l'homme nous a montré, comme une constante, sa double capacité d'être à la fois merveilleux (par ses fantastiques inventions et générosités) et plus bes-tial qu'aucune bête (dans ses oppressions, génocides et exterminations). Et le film de l'Histoire a, hélas, une fâcheuse tendance à repasser à l'envers...

En naissant, l'enfant ne devient donc pas « sub-jectivement » pécheur. Il entre dans un monde affecté par la dimension négative du péché, tandis que « le baptême lui confère une appartenance effective au monde divini-sant et sauveur du Christ ».

Le péché originel c'est aussi, par conséquent, la solida-rité dans le mal. Les humains, et a fortiori les chrétiens, sont tous interdépendants dans le mal, la banalisation du mal, la pérennisation de l'ambiance de mal, la dépersonnalisation de la chute dans le « on ».

En naissant, l'homme s'insère dans un monde marqué par une longue histoire de péché, tout autant qu'une histoire de salut!

Le *la* de toute trajectoire humaine est d'ailleurs donné dès la naissance. Car le premier acte de la vie est un cri. La naissance, c'est-à-dire la différenciation d'un être nouveau, est – au sens propre – un cataclysme. Parce que s'ouvrent les vannes qui retenaient le liquide fœtal baignant l'enfant au chaud, et le voilà expulsé du ventre maternel. Il est un être distinct, mais la rupture est le prix de son autonomie. Et s'il veut vivre et donc respirer, il doit commencer par *crier*, car seule l'énergie de son cri est assez puissante pour faire entrer de l'air dans ses poumons neufs, c'est-à-dire déclencher le premier mouvement respiratoire.

Ajoutons, pour terminer, que l'affirmation de la Genèse, reprise par saint Paul et saint Augustin, selon laquelle c'est le péché qui serait responsable de la mort est aujourd'hui difficilement admissible. Saint Paul parlait dans le contexte de son temps. Nous savons que la mort est un phénomène biologique [1] inéluctable et inhérent à toutes les espèces vivantes sexuées. Il y avait donc là une incursion du théologique dans le scientifique, et on en voit le regrettable résultat. Pour le croyant, c'est la *mort spirituelle* que provoque le péché, mais il s'agit de tout autre chose.

---

1. J. Ruffié, *le Sexe et la Mort*, Le Seuil, 1986.

II

CHAIR DE DIEU SOUFFRANTE

Les mots « Dieu » et « souffrance », souvent associés par chrétiens et incroyants, apparaissent en irréductible contradiction. Comment Dieu-Père, considéré comme bon et puissant puisque Créateur, peut-il tolérer la souffrance de ses créatures? Pourquoi la souffrance, si Dieu existe? Et comment le Christ, Fils de Dieu, a-t-il pu lui-même être livré à une souffrance horrible? Associée dans l'inconscient collectif à la notion de puissance, la foi en Dieu coïncide difficilement avec la vision de son Fils crucifié.

« J'insulte Dieu tous les jours depuis la mort de mon fils, m'a dit une vieille dame protestante à la foi vigoureuse. " Mais il vous reste un fils et une fille, me disent mes amis, pourquoi passer votre vie à vous révolter? » Non, je n'admettrai jamais que Dieu, auquel je crois de tout mon être, qui a été ma raison de vivre, ait pu me reprendre mon fils aussi atrocement. »

Si le mot « souffrance » s'accorde si mal avec celui de « Dieu », il est en revanche adéquat s'agissant de l'homme puisqu'il n'est pas de vie humaine qui ne soit un jour ou l'autre traversée par la souffrance.

Quant au chrétien, son signe − son logo, dirait-on aujourd'hui, dont aucun publicitaire ne voudrait − a toujours été et demeure une croix, éloquent symbole! Éloquent dans le cas où ce chrétien serait porté à oublier que l'Incarnation implique *aussi* souffrance et crucifixion du Fils de Dieu. En fait d'oubli, c'est plutôt le contraire qui a prévalu par le passé, car on est allé bien loin dans l'exploitation du dolorisme.

Avant de revenir à l'éternelle interrogation « si Dieu est bon, pourquoi...? », il faut donc dresser le constat-

souffrance, puisque cette chair souffrante de l'homme est chair de Dieu.

Je connais bien l'être souffrant. Il aura été présent devant moi toute ma vie durant, lié par un même destin au corps du Christ crucifié. Corps exsangue ou décharné, révulsé ou vaincu, transpirant par tous ses pores la maladie qui est sa fragilité d'être. Corps errodé en désagrégation sous l'occulte de chair. Corps corrodé, en crises et spasmes consumé. Corps désonglé, aux cloisons de ses enfermements. Corps infiltré, jusqu'aux rhizomes de vie. Corps enchaîné, à sa noria d'angoisse. Corps emmuré, aux murs de maladie mentale. Corps déchiré surtout, par sa peur de mourir, qui voue tant de vies à l'empêchement de vivre.

Le corps souffrant questionne le médecin. Sous sa surface, attrayante ou désolée, quel est le désordre? Des hormones, des peptides médiateurs, des molécules et des ions, en défaut ou en excès?

Les « pourquoi? » affluent à la pensée, suivis, en écho, des « parce que ». Oui, mais pourquoi parce que? Dans mon esprit, les hypothèses ne cessent d'être confrontées aux notions scientifiquement établies.

La santé, selon l'OMS, est « un état de bien-être total ». L'OMS a sans doute raison de placer la barre aussi haut, mais qui, après ça, peut prétendre encore être en « bonne santé »?

Ce qui pousse le patient à consulter, c'est donc le décalage entre ce qu'il pense être et ce qu'il voudrait être. La maladie, c'est avant tout une entorse à l'harmonie globale et absolue dont nous rêvons tous.

La maladie, c'est la rupture visible du fragile équilibre d'un genre humain en perpétuelle gésine, toujours instable dans la mystérieuse arithmétique du grandiose et du périssable.

Quels que soient ses succès, assimiler le progrès de la médecine au bonheur humain est une inacceptable mystification. La maladie ne disparaîtra jamais. Elle change seulement de visage, et le médecin lui court après, tandis que sa science lui permet surtout de nommer le coupable et de le traquer.

C'est pour la même raison que me font sourire ceux qui parlent constamment des « progrès de la médecine ». Progrès, oui, certes, et qui les nierait ou oserait les minimiser ? Mais, à la façon du serpent qui se mord la queue, le médecin ne cesse de courir après des maladies nouvelles. Le cancer n'est pas encore maîtrisé que le sida étend son effroyable menace sur des continents entiers, comme l'Afrique. Et puisque j'évoque une maladie virale, l'homme peut-il guérir, lui qui est allé sur la lune, le « rhume de cerveau », la grippe et autres joyeusetés ? Car il demeurera toujours une maladie inguérissable, la maladie d'être un homme avec son destin de mort, et son aptitude infinie à « inventer » de nouvelles maladies.

De la même façon que les proches du Christ ont souffert de la chair de Dieu souffrante, la fragilité de l'homme malade s'imprime dans la chair de ses proches et leur regard la réfléchit. Je la vois dans la chair de cet homme scrutant le visage et le corps de sa femme, que la maladie a dévastés. Ce corps devenu si invalide qu'il a perdu toute autonomie et que des soignants soulèvent comme une épave. C'est ce même corps pourtant qui l'a fait rêver, désirer, délirer, trembler d'émotion. Et voilà ce qu'il est devenu, ou plutôt ce qu'il en reste : un sujet de déréliction.

Je peux évoquer ici, par exemple, une nuit de Noël où j'étais de garde à l'hôpital. Une femme, la trentaine, est en train de réveillonner en famille lorsqu'elle est prise d'un violent malaise qui la jette brutalement à terre dans un coma profond. Lorsqu'elle m'est amenée, le diagnostic n'est malheureusement pas douteux : hémorragie cérébroméningée avec inondation ventriculaire. Ce sont des états dont le médecin sait bien que l'évolution est toujours fatale. Toute ma vie durant, j'entendrai les hurlements de douleur de son époux dans les longs couloirs déserts. Je le verrai s'agripper au corps de la femme aimée, enfoncer ses doigts dans la chair de sa vie brutalement arrachée à une fête de joie. Cette chair, qui était celle de l'amour, devenait en quelques minutes sous ses doigts et ses yeux chair morte.

Celui qui a été témoin de telles scènes verra définitivement le corps, je crois, à la fois comme la plus belle merveille de la création et sa plus dérisoire aussi, parce qu'un accident (le hasard ou la nécessité!) peut en quelques secondes détruire sa fragilité.

Ils m'inspirent toujours quelque pitié amusée, ceux qui tirent leur assurance de la qualité de leur corps, de la beauté de leurs traits, ou du volume de leurs muscles! (De la même façon que m'amusent les « intellectuels » assurés de leurs sécurisantes certitudes.) Il faut avoir vu, au cours d'une vie de médecin, tous ces corps brutalement plongés dans le coma, refroidis par l'hypothermie profonde, paralysés par l'anesthésie ou la défaillance du système nerveux, pour comprendre la vanité de la confiance dans le corps. Fragilité d'un vaisseau cérébral, précarité d'une artère coronaire, minceur pariétale d'un viscère, vulnérabilité des centres vitaux de la respiration ou de la motricité : ils sont nombreux et minuscules les grains de sable susceptibles de détraquer, en un instant, la merveilleuse machine de l'humain.

Fragile merveille donc que ce corps douloureux qu'il m'est, par fonction, échu de considérer dans son humanité et, par foi, dans sa divinité.

Accueillir la souffrance de « l'autre » implique une disposition que résume un seul mot, le premier de la règle de saint Benoît et symbole de l'acte médical : *Ausculta* (« Écoute »).

Le verbe « écouter » fait les délices de notre époque, vaniteuse de communication. « Écoutez », répète comme un tic l'interviewé; « Soyez à l'écoute », répète-t-on aux chrétiens.

Mais écouter, pour le médecin, n'est pas seulement une affaire d'oreilles. C'est aussi savoir regarder, patienter, se taire, examiner l'être souffrant, afin de l'approcher au plus près. Le statut de « médecin », de celui qui écoute, n'est évidemment pas innocent : on m'a raconté l'histoire d'un médecin à la retraite qui avait invité les malades insatisfaits ou déçus de la médecine à venir lui parler (gratuitement); il a eu la surprise de voir revenir certains de ses anciens malades lui dire des choses qu'ils ne lui avaient jamais dites auparavant!

Au début de la consultation, j'essaie toujours d'obtenir d'emblée une réponse à la question bien naturelle et anodine : de quoi souffrez-vous ?

Cette réponse est plus difficile à obtenir qu'on ne le croit. Les consultants, malades ou non, n'admettent pas qu'on escamote leur passé ou plutôt qu'on les prive du plaisir de se raconter. Ils ont envie de parler d'eux, d'abord au passé. D'ouvrir leur « dossier », souvent dépourvu d'intérêt pour le médecin, mais soigneusement présenté avec pochettes, étiquettes et classeur, qui constitue la pierre précieuse de leur « moi ». Ils le feuillettent religieusement avant de vous le remettre cérémonieusement. Il est difficile d'échapper à la rougeole de la première enfance ou aux végétations de la seconde.

Les questions « médicales » une fois posées, vient le temps de l'examen. (Le « vrai » dialogue s'ouvrira après.)

Si les mots pour dire les plaintes étaient d'une désespérante et angoissante monotonie, voilà qu'à l'échéance du face-à-face plus un seul consultant ne ressemble à un autre.

Il suffit de regarder : le choix des bijoux – chaînes et médailles, bracelets et colliers. Les sous-vêtements – quelconques, utilitaires, ou voulus séducteurs. La façon de s'allonger sur la table d'examen – abandonnée ou résistante. Le corps dénudé – crispé et défensif ou naufragé, décharné ou musculeux. Le dos – tendu pour cambrer le tronc, ou figé dans sa douloureuse voussure. Le visage, enfin, et son regard, que mes questions et mes regards éteignent ou allument.

Aux conseils et préceptes que m'ont donnés mes maîtres j'ai toujours préféré la parole des regards éloquents, les émotions subites, les mots sans phrases, nus comme des cris, les gestes des mains sur les corps malades.

Mais de certains maîtres j'ai retenu aussi la nécessaire « sensualité » de l'examen du corps. Je suis convaincu que cette « sensualité » corporelle est la parole de bienveillance muette, l'entente préalable, qui prélude au dialogue médecin-malade et conditionne son succès.

Alors que les médecins parlent toujours de « psychosomatique », les « psy » parlent toujours du corps mais ne le touchent jamais. Sans doute est-ce un parti pris, une sorte de contrat préétabli (qui ne me paraît pas une nécessité absolue), mais le désir humain qu'explorent les « psy » ne se touche pas, c'est vrai, du bout des doigts. Comme la plupart des médecins, j'ai la chance, moi, de m'adresser à l'être dans sa globalité et ne m'en prive pas. Ce « souffrant » qui s'est « confié » à moi et qu'explorent mes yeux, mes oreilles et mes mains n'est pas une somme d'organes ou d'appareils, mais une personne. Une personne que j'examine pour en infirmer ou confirmer la « maladie ». Outre du respect, cela nécessite de l'amour. Dans les yeux qui *inspectent* (l'examen commence par « l'inspection »), au bout des doigts qui *palpent*, avec les oreilles qui *écoutent* l'intimité du cœur et du respir. Regarder, palper, ausculter un corps exigent la confiance qui invitera la profondeur de l'être à se laisser atteindre. L'amour de l'autre est en jeu dans la façon d'aborder son corps et le regard ou les mains peuvent valoriser un être autant que le déprécier.

Seule cette « sympathie » corporelle permet l'ouverture de la parole qui viendra ensuite, et la guérison consécutive. Je veux dire que le médecin qui veut guérir ou jouer le rôle de médiateur de la guérison (« Je le pansai, Dieu le guérit ») doit intégrer la maladie dans la vie de l'être souffrant. Je n'ai pas dit « se mettre à sa place » : ce n'est ni possible ni souhaitable. Je veux dire que sans la « connaissance et la confiance de l'être » la conclusion de l'acte médical se limitera à des mots tracés sur une ordonnance.

L'apprenti médecin est insuffisamment préparé à la relation soignant/soigné. Il ne sait pas assez que la maladie provoque [1] une rupture de l'unité subjective : le malade découvre que son être, corps et conscience unis, a tendance à se dissocier. La maladie, division de soi avec soi, génère lutte ou laisser-aller. Elle provoque aussi une rupture de la communication : avec soi-même, avec les autres, avec des valeurs (le bien, le beau, le religieux) qui seront découvertes, approfondies ou abandonnées. La maladie

---

1. M. Porot, *Psychologie des maladies*, Masson, 1988.

crée enfin une rupture de confiance : le malade se découvre vulnérable, limité par une existence précaire, et perçoit les sensations de la finitude et de la mort. L'apprenti médecin devrait ensuite être informé des réactions du malade face à la maladie, qui peuvent comporter la frustration (par rapport à un passé, toujours embelli), la dévalorisation de soi – celui qui tirait gloire de sa bonne santé (« Je n'ai jamais vu un médecin de ma vie ») se sent contraint, limité, voire humilié – et enfin l'insécurité, du présent mais surtout de l'avenir. Celle-ci génère de l'angoisse, qui ne reste pas diffuse. Elle va se fixer sur un objet (un viscère par exemple), une idée (phobie) ou se transformer en agressivité, qui à son tour se projettera vers l'extérieur (entourage, personnel soignant), ou contre soi-même (dépression, « mal dans sa peau »).

Autre réaction provoquée par la maladie : la recherche de bénéfices secondaires (avantages matériels mais surtout affectifs). Les « enfants tousseurs » en donnent un exemple typique. Il s'agit d'enfants qui toussent la nuit « sans raison », alors que leur médecin a pu éliminer, par les examens les plus sophistiqués, toute maladie respiratoire. Mais la toux signifie un appel à la mère, qui répondra par des actes : elle va se lever, venir au lit de l'enfant, lui donner un sirop, lui « faire un câlin », etc., alors que des expressions comme : « Maman, j'ai peur », ou « Maman, j'ai de l'angoisse » n'auraient entraîné d'autre réponse que : « Mais non, tu ne risques rien, dors et tais-toi. » Et on voit ainsi des bambins, moins innocents qu'ils n'apparaissent, déstabiliser les réputations de pédiatres ou de pneumologues les plus renommés, et obtenir une escalade de « bénéfices » de plus en plus grands, jusqu'à finir la nuit dans le lit parental entre papa-maman, ou encore jusqu'à chasser papa dans un autre lit, afin de demeurer seul avec maman !

Enfin, et de façon évidente, la maladie favorise la régression affective (redevenir un enfant pour être aimé, cajolé, materné, par les soignants ou son entourage). Au-delà du soulagement d'une souffrance, la demande de soins comporte toujours, en effet, une demande affective. Le médecin répond en prescrivant un (ou plutôt des) médicament(s). Mais qu'y a-t-il derrière la demande du malade et jusqu'où peut aller l'escalade?

Je voudrais évoquer ici la chirurgie d'exérèse (enlever l'organe malade), qui séduit tant de médecins (et de malades) par son apparente simplicité : « Vous souffrez de l'estomac, de la vésicule, des ovaires ou de l'utérus. J'enlève l'organe, répond le chirurgien, et on n'en parle plus. »

Mais si, précisément, on en reparlera dans certains cas! Car la (ou le) malade en redemande. Et après l'utérus, ce sera un autre organe souffrant que le chirurgien sera pressé d'enlever. Ce qui signifie qu'il y a eu, au sens vrai du terme, « malentendu », parce que la *vraie* demande n'était pas celle que le chirurgien avait cru entendre.

Il est évidemment des cas où cette chirurgie est nécessaire, vitale même. Mais il en est d'autres où elle ne s'impose pas, et risque de faire l'économie d'écouter la véritable demande de la personne. Je suis toujours perplexe devant ces femmes au ventre couturé de cicatrices opératoires, et auxquelles on a enlevé successivement plusieurs organes. La véritable demande de ces patientes était-elle vraiment leurs amputations successives? Le chirurgien qui va opérer est-il toujours conscient de la quête dont il est l'objet? (« Occupe-toi de moi, de mon corps qui n'intéresse plus, enlève-moi cet utérus qui ne sert à rien. »)

Explique-t-on au médecin son désir de guérir? Car guérir, c'est évidemment son métier, mais c'est aussi satisfaire au besoin de « réparer l'autre », qui fonde toute vocation soignante. En soignant, le médecin éprouve aussi le besoin de se réparer lui-même. Ce besoin est légitime, mais mérite d'être reconnu dans ses limites et ses risques. Car les relations soignant/soigné sont faites d'interactions conscientes et inconscientes, qui mettent en jeu les personnes bien au-delà de leur compétence et de leur rôle technique ou thérapeutique.

Si le médecin soigne pour s'entendre dire qu'il est bon, qu'il est aimé... il court de grands risques. Et il faut souligner ici, après Nicole Alby, la nécessité pour les soignants d'une vie extra-professionnelle satisfaisante, car il ne faut pas compter sur les malades pour nous guérir! (ce qui ne veut pas dire annuler tout ce que peut avoir d'enrichissant la relation thérapeutique).

De même qu'il y a des malades à risques, il y a donc des « soignants à risques ».

Respecter le malade suppose, de la part du médecin, beaucoup de vigilance, car il est si humain d'être *inhumain*! Notre inhumanité, celle de tous les humains, mais particulièrement la nôtre, médecins – évidemment la mienne –, est sans limite et m'effraiera toujours. Des adultes me racontent souvent, lors d'une consultation, leurs souvenirs d'enfant malade, leurs premiers contacts avec la médecine. Ils disent – et le recul du temps a éteint la révolte sans faire disparaître la souffrance – l'humiliation et la détresse d'avoir été traités comme des objets-malades.

Florence, par exemple, m'explique comment, à seize ans, elle a été examinée entièrement nue devant quarante étudiants auxquels le patron soulignait son infirmité.

« Vous voyez, disait le patron, le déficit musculaire total de ses membres inférieurs est de type périphérique, ce qui veut dire que sa paralysie ne guérira pas. » (Ce qui se révéla faux d'ailleurs.)

Témoignage semblable de Cécile, examinée à dix-sept ans :

« Lorsqu'elle respire, disait le chirurgien qui me montrait toute nue à ses étudiants, la hernie de sa spina-bifida sort dans le dos. Lorsqu'elle inspire, au contraire, vous voyez rentrer la hernie. »

Comment ne pas crier à ce « patron », à ce chirurgien, peut-être chrétiens : « c'est la chair de votre Dieu que vous traitez ainsi » ?

Mais moi, que ces histoires font frémir aujourd'hui, me suis-je trouvé dans de tels groupes d'étudiants? Je n'ai rien dit! Qu'aurais-je dit? Sans doute même, devenu « patron », ai-je moi-même été, parfois, aussi inhumain, dans cette inconscience du médecin qui, occupé à guérir, se préoccupe plus de la maladie que du malade.

« Humaniser » la médecine, « humaniser » les hôpitaux : quel terrible aveu d'inhumanité! Aussi pitoyable que la solution proposée : quelques pots de fleurs sur les tables ou d'accortes hôtesses en jupettes à l'accueil! N'avons-nous rien d'autre à proposer à l'être souffrant?

Ce ne sont pas les hôpitaux qu'il faut humaniser, c'est l'homme, soignant et soigné. Le rendre à la dignité de Dieu : voilà, plus que jamais, la mission du médecin. Que de chemin à parcourir encore dans l'humain à travers le respect du malade. Combien de médecins ne voit-on encore entrer dans les chambres des malades, arriver jusqu'à leur chevet et se mettre à les examiner sans se présenter ou au moins les saluer; pratiquer des examens, ponctions, ou gestes thérapeutiques, sans dire le pourquoi ou le comment de ces actes; imposer à des malades une opération chirurgicale sans leur expliquer son opportunité, ses avantages (et inconvénients possibles), sans dissiper surtout les peurs injustifiées que les mots du médecin ou de la rumeur publique ont pu susciter dans l'imaginaire du profane...

La technique médicale dévore le médecin. Il ne s'agit pas de médire de cette technique, car la première qualité du médecin demeure la *compétence*; le médecin incompétent n'a pas le droit d'exercer. Maîtriser sa technique est nécessaire, mais *insuffisant*. Le médecin va devenir de plus en plus un supertechnicien, comme il en faut désormais partout où interviennent des techniques, à l'EDF, à la SNCF, au CEA..., et dans l'hôpital de l'an 2000, seul le badge de la spécialité sur la blouse différenciera le supertechnicien du bureau 4225 de celui qui vous a renvoyé au bureau 4226.

Il existe un « pouvoir médical » qui excède largement le pouvoir de chaque médecin. Envahissant, il s'est voulu gestionnaire de l'homme en sa totalité. Par le passé, la religion inféodait le corps, ses plaisirs et ses maux, au bien de l'âme. Maintenant, la médecine tend à faire du corps l'unique régent de la santé de l'âme : est-ce vraiment résoudre une question que d'en inverser simplement les termes?

Les évolutions respectives de la médecine et de la « religion » doivent être considérées ici. Parodiant Karl Marx, le Dr P. Gazaix soutient que « l'opium est devenu la religion du peuple ».

Dans les sociétés primitives, le gourou ou le sorcier soignait à la fois l'âme et le corps. A partir du moment où l'âme a été disjointe du corps, se sont différenciés le « prêtre » et le « médecin », respectivement spécialistes de l'« âme » et du « corps ». S'ils étaient schématiquement sur la même ligne de départ, les positions ont rapidement changé.

Dans une société où l'homme était menacé dans sa chair et son corps par le travail physique, la famine ou les sévices, le discours des prêtres et de la « religion » prenait en compte la souffrance physique : « Sauve ton âme, et ne te préoccupe pas de ton corps. Plus celui-ci souffre, plus il est contraint, et plus ton âme sera sauvée et tu ne mourras point parce que ton corps te sera rendu pour une jouissance éternelle. »

Dans nos sociétés modernes en revanche, le corps n'est plus directement en péril. L'homme moderne est menacé dans son « âme », son esprit, son affectivité, par la répétitivité, la monotonie, le manque de fantaisie, l'irresponsabilité, l'hypersollicitation sensorielle. Le message ancien de l'Église devient inadéquat puisque la menace est différente. Le message, celui du monde moderne, s'inverse pour devenir : « Sauve ton corps, tu ne deviendras pas fou et ton âme sera sauvée. »

Monde de la confusion : le prêtre a cédé beaucoup de terrain au médecin, la foi en Dieu recule devant la croyance médicale, l'Eucharistie est remplacée par les tranquillisants, les rituels religieux par les rituels médicaux. Aux jeûnes du vendredi et du carême se sont substitués les régimes de toutes sortes. Et le péché est devenu, à son tour, médical, comme le souligne P. Gazaix, puisque est considérée comme telle toute transgression des interdits que délimitent les régimes, des obligations qu'imposent les prises de médicaments. La culpabilité naît de l'appareil à tension, du pèse-personne, du bilan de la prise de sang qui dénonce l'excès de cholestérol, le cabinet du médecin devient confessionnal, on s'y accuse et on s'y entend dire, de tel ou tel comportement, non qu'il est dangereux, mais que c'est mal !

A l'inverse, l'Église intervient sur le terrain de la science, statue sur les sujets médicaux — contraception, IVG, fécondation in vitro —, exprime ses craintes ou ses mises en garde face à la recherche médicale.

Et à l'inverse encore, la médecine cherche à mimer l'éternité par des tentatives de réanimation sans espoir, s'approprie la mort, escamote le corps à la morgue ou au crématorium, enterre à la va-vite, sans fleurs ni couronnes, comme s'il s'agissait d'effacer un péché qui serait cette fois-ci le sien...

Pourquoi? On est en fait passé, au fil de l'Histoire, d'une relation triangulaire à une relation duale. Il y avait au commencement le malade, le médecin et Dieu, ainsi qu'en témoigne la formule d'Ambroise Paré : « Je le pansai, Dieu le guérit. » Il ne serait pas venu à l'esprit du malade d'intenter un procès à son médecin puisque c'est Dieu qui guérissait! Dieu a été progressivement exclu du schéma médical et tout se passe désormais entre le malade et son médecin, devenu responsable de la guérison comme de la mort.

Le pouvoir du médecin, lui, a constamment régressé depuis les années soixante, avec l'information du public, cependant il demeure important, puisqu'il procède du rapport de celui qui sait à celui qui ne sait pas et que le savoir médical aura beau se vulgariser, la plus grande part demeurera inaccessible au non-spécialiste.

Bien compris, ce pouvoir est nécessaire à la bonne prise en charge du malade. Rien ne serait possible si ce dernier, aussi informé fût-il, ne faisait pas confiance aux propositions diagnostiques et thérapeutiques. Le danger du pouvoir médical réside dans ses excès. Beaucoup trop de médecins méconnaissent l'importance des mots pour savoir parler à leur patient comme il le faudrait de la maladie, de son pronostic ou de son traitement.

Il est des mots fondateurs : ce sont ceux qui rassurent certes, mais qui, au-delà, constituent la pierre angulaire capable de reconstruire la démarche d'une vie. Je veux dire le socle qui rendra à un être le *sens*, sans lequel rien n'est possible, et la *confiance* qui prévaudra sur le doute. Certaines paroles du Christ agissaient sans doute ainsi comme révélateur sur des êtres en attente auxquels ne manquait plus que ce regard de confiance d'un autre sur eux-mêmes. Je pense à « Lève-toi et marche », « Va, ta foi t'a sauvé », ou encore « Tu es Pierre et sur cette pierre... ».

Comme beaucoup de confrères, j'ai souvent dans ma pratique vu des mots ou des phrases, qui ne m'avaient pas paru peser d'un poids singulier, faire briller tout à coup des regards, affirmer des résolutions décisives.

En voici un exemple : une jeune fille est affectée depuis de nombreuses années d'un asthme grave. La cortisone, qui lui a été largement administrée depuis l'enfance, a réduit sa croissance, déformé son corps et gâché sa féminité (atrophie des muscles et de la peau, pilosité exagérée). Je l'examine longuement en silence, et rédige son ordonnance.

« Pourquoi je n'arrive pas à guérir de cet asthme ? », me demande-t-elle à la fin.

Je lui réponds que je ne le sais pas plus qu'elle, mais que son asthme équivaut à une parole impossible, une souffrance ineffable, qu'elle ne sait et ne peut dire avec des mots, une souffrance profondément greffée au cœur de sa poitrine, enfouie peut-être dans les racines de son enfance.

Elle se tait longuement. Et puis : « Vous ne croyez pas si bien dire. Le malheur de ma vie, c'est que mes parents, juifs, ont été déportés, lorsque j'étais enfant, en camp de concentration, et n'en sont jamais revenus, y sont donc morts, sans doute, mais je ne saurai jamais où, ni comment. »

Je n'ai plus jamais revu cette jeune fille. Mais elle m'a écrit un an plus tard. Pour me dire qu'elle était guérie. Que sa vie avait changé. Je n'étais pour rien dans sa guérison. C'est simplement ma modeste parole qui, lui permettant d'associer deux événements, passé et présent, avait dénoué un douloureux blocage.

A l'opposé de ces mots fondateurs, le médecin peut (inconsciemment) prononcer des mots meurtriers.

Combien de fois n'ai-je pas entendu des mères rapporter devant leurs enfants (sans doute pour la énième fois) des paroles terribles (qu'elles n'avaient pas inventées, même si elles en avaient, avec le temps, modifié la formulation). Des phrases relatives, en particulier, à la naissance ou aux premiers mois d'un enfant et qui, répétées comme à plaisir, au long de consultations médicales, constituent autant d'agressions et maintiennent ces enfants dans un statut définitif d'infirmes, de tarés ou de ratés.

Les exemples ne manquent pas. « Lorsque mon enfant est né, la sage-femme a cru qu'il était mort », répète cette femme devant son fils pour m'expliquer qu'il ne pouvait pas, après une naissance pareille, ne pas être maladif (ce qui n'était pas le cas).

A travers les mots de la sage-femme quelque chose s'était collé et demeurait définitivement attaché à l'histoire de cet enfant. Pourquoi sa mère avait-elle particulièrement retenu ces mots? Parce qu'elle en avait éprouvé de l'angoisse ou retiré quelque bénéfice. Il n'empêche que ces mots destructeurs étaient là, incrustés pour toujours.

Je pense encore à cette mère me disant, sous le regard anxieux de son enfant : « Mon fils sera toujours malade, car je l'ai empoisonné avec mon lait. » Son médecin lui avait sans doute expliqué que ce lait, pauvre en immunoglobulines ou lymphocytes ou telle enzyme, ne permettait pas le développement de son enfant, et qu'il n'était pas souhaitable de poursuivre l'allaitement. Mais il n'avait pas mesuré l'impact qu'aurait, dans l'imaginaire de cette femme, la pensée que son lait était mauvais. Elle en avait déduit qu'elle « empoisonnait » son enfant, se percevait dès lors comme un facteur de mort et son enfant avait lui-même le sentiment de n'être pas aimé.

Mais les mots ne sont pas seuls à parler : les regards, les mimiques, les attitudes sont aussi éloquents et peuvent tout autant valoriser ou dévaloriser. Car il faut aller plus loin et reconnaître que les pulsions négatives que porte en soi tout individu sont aussi présentes chez le médecin que chez ses malades, et qu'un médecin qui n'a pas réglé ses propres tensions risque fort d'en provoquer chez ses patients. De même qu'une mère qui n'aime pas la vie risque fort – à son insu – de combattre cette vie chez son enfant, jusqu'à l'anéantir. Et telle mère serait abasourdie si on lui révélait brutalement qu'elle a souhaité – inconsciemment bien sûr – la mort de son enfant malade.

Le médecin intervient aussi dans la représentation que l'individu se fait de son corps, dont l'image sera, selon ses attitudes, gratifiante ou dévalorisante. Car le corps malade est facilement dévalorisant et ceux qui restaurent les corps (kinésithérapeutes, infirmières, médecins, chirurgiens) redonnent un motif de plaisir à un corps devenu objet de déplaisir. Mission difficile, mais grandiose car hautement humaine.

Car la maladie non plus que le corps souffrant ne sont « indignes », n'en déplaise à nos pays « luxueux », trop enclins à se complaire dans des images d'eux-mêmes sans faille ni défaut, de lisses images de papier glacé...

Mais respecter le malade signifie aussi respecter la vérité de sa maladie, ce qui appelle ici le fameux et faux problème de « la vérité due au malade ». La vérité sur la maladie appartient au malade, c'est évident puisque c'est la sienne. Mais le médecin, de même qu'il ne prescrit pas toujours tel médicament qui pourrait être dangereux, n'a pas le droit de jeter au malade sa vérité n'importe quand et n'importe comment.

Aussi, je ne mens jamais au malade au sujet de la gravité de sa maladie; mais sa vérité, j'essaie de la lui dire graduellement, en fonction de ce que le « couple » qu'il forme avec moi pourra assumer et en fonction des moyens que j'aurai pour l'aider à le faire.

Pour révéler l'horrible, il n'y a pas de « toujours » ou de « jamais ». Je ne peux, en trente secondes, faire passer ma sœur ou mon frère, humains, du statut de « malade en attente de guérison » au statut de « condamné à une mort prochaine ».

Encore faut-il ne pas confondre le « parler vrai » et le « penser faux »... Aussi aurais-je du mal à déclarer à un malade : « Vous avez un cancer, votre espérance de vie est de quelques semaines. » Aussi aurais-je du mal à faire une règle commune du *diagnostic* (un mot, des phrases, qui résonnent de façon forcément différente pour chaque individu), du *pronostic* (une notion issue de moyennes, calculées sur des *groupes* de malades), alors que je parle à un *individu*.

La vraie question n'est donc pas : « La vérité ou non ? », mais : « Que fera le malade de cette vérité ? »

Une fois donnée la réponse, on pourra discuter du « quand » et du « comment ». Il faut trente secondes pour révéler au malade qu'il a un cancer. Il faut des semaines, des mois ou des années d'attention vigilante pour l'aider à assumer cette vérité. Ou, plus précisément, pour qu'il en fasse un « plus », c'est-à-dire une démarche féconde, pour lui et les siens. Combien de médecins ont la volonté, l'aptitude, le temps de le faire ? « Larguer » la vérité constitue une agression gratuite, et parfois un viol, dont le seul bénéficiaire est le médecin qui peut se dire ensuite : je ne suis pas un lâche, je suis en règle.

De quel droit irais-je désespérer un malade qui ne m'interroge pas ? De quel droit aurais-je détrompé ce médecin (spécialiste des os et articulations) dont les os étaient bourrés de métastases cancéreuses et qui, me regardant fixement, me parlait de sa « décalcification » ? Comment descendre au plus profond de son inconscient pour savoir *s'il savait* (un peu – totalement – pas du tout), *ne savait pas* ou *ne voulait pas savoir* ? Sa pratique médicale lui avait donné à voir des dizaines de cas semblables. La nature cancéreuse de sa maladie, il en connaissait donc la possibilité. Et il avait choisi de croire qu'elle ne l'était pas. Peut-être parce qu'il en avait besoin. Et à supposer qu'il sût la vérité, il avait parfaitement le droit de ne pas se l'entendre dire. Car sa vérité, il en était propriétaire.

Qu'on se souvienne de l'attitude du poète Rainer-Maria Rilke qui, parvenu au terme de l'évolution de sa maladie, invitait son médecin à la discrétion : « Vous savez ce que j'ai et pourtant, j'en suis sûr, vous ne me le direz pas. »

Son attitude procédait de son désir d'avoir *sa* maladie et *sa* mort *à lui*. Que lui importait de connaître informations ou détails sur sa maladie (leucémie) ; elle était la sienne, devait le demeurer et n'être celle d'aucun autre. Elle provenait aussi de sa sérénité face à la mort.

Et seul le médecin qui a « réglé » son problème personnel vis-à-vis de la mort (mais l'a-t-on jamais « réglé » !) saura les attitudes, aussi simples qu'humaines, qui conviennent pour déceler par exemple le bon moment pour « dire la vérité ».

Cela conduit à évoquer les qualités personnelles du médecin, dont la première devrait être l'aptitude à assumer l'impossibilité de guérir. S'il en est incapable, il s'enfermera dans l'alternative de nier ses limites (et de se réfugier dans l'acharnement thérapeutique) ou de les subir douloureusement (jusqu'à une agressivité qui peut tourner à la nécrophilie).

Une autre raison d'inconfort du médecin face au malade grave (et spécialement devant un cancer dépisté mais encore latent) provient du rapport de son savoir à son pouvoir : il découvre chez ce malade une tumeur dont l'intéressé ne se plaint pas, il lui révèle (ou non) cette maladie et ne peut parfois lui promettre ensuite la guérison. Le cancer est donc souvent pour le médecin une maladie de la toute-puissance (parce qu'il sait ce qu'ignore le malade) et de la toute-impuissance (s'il n'a pas les moyens de le guérir).

Après certains cancers, le sida génère aujourd'hui le même type de situation : je ne sais comment informer le consultant de son éventuelle séro-positivité, alors que je connais le risque d'évolution vers le sida-maladie qu'elle comporte et l'incapacité de la maîtriser. Ajoutons une torture : étant donné les risques de transmission, je sais aussi qu'il faudra que je révèle très vite la vérité au malade.

Diagnostiquer une maladie grave est donc, pour le médecin, une sorte de transgression. Il sait désormais ce qu'en quelque sorte il ne devrait pas savoir, et ne devrait pas nommer. « Messager de la mauvaise nouvelle, écrit Nicole Alby, le médecin participe à la culpabilité qui s'attache à la maladie », un peu comme celui qui encourt la condamnation biblique : « Ils ont mangé le fruit de l'arbre du savoir. »

Diamétralement à l'opposé du pouvoir médical, il y a l'information du malade. Elle ne consiste évidemment pas à apprendre la médecine à quelqu'un qui n'en aurait que faire. Il s'agit, pour le médecin, de donner les éléments d'information qui permettent au malade de contribuer lui-même à sa guérison, c'est-à-dire de passer d'une attitude passive à une démarche active. Processus noble, qui fait désormais partie des devoirs du médecin. Cette information lui permet également d'insérer, s'il le souhaite, sa maladie dans le contexte de son histoire personnelle, au lieu de la subir comme une étrangeté. C'est une forme de respect du malade que de lui proposer d'intégrer ainsi son symptôme. Cela présuppose évidemment que le médecin lui-même établisse dans son for intérieur une relation entre une maladie et l'histoire, non seulement du malade, mais aussi de la médecine, et une relation qui inscrive la médecine moderne dans l'immémoriale histoire des relations de l'homme à la maladie, à la souffrance, à la mort, et finalement à la réalité du monde.

Il n'est rien de tel que l'exercice de la médecine pour faire acquérir au médecin, s'il en était dépourvu, beaucoup d'humilité et d'indulgence envers l'humain.

Nous sommes tous, nous les humains, désorientés, ballottés, angoissés, frustrés, changeants. A tel moment, nous nous comportons de telle façon, comme nous le pouvons, avec les moyens disponibles. Je pense à une religieuse de mes amies qui dit volontiers dans les difficultés : « Seigneur, j'aimerais bien voir ce que vous feriez à ma place. »

« C'est comme ça, écrit Julia Kristeva (à propos de l'inconscient). Nous sommes narcissiques, incestueux, masochiques, sadiques, parricides, spontanément attirés et révulsés par les caractères physiques ou moraux qui diffèrent des nôtres, donc nous sommes spontanément agressifs à l'égard d'autrui. »

Plus le médecin avance dans la connaissance de l'humain, et mieux il sait que tel comportement dépressif, anxieux ou agressif, tel état hormonal, est en relation avec telle ou telle perturbation d'un métabolisme biochimique. Ce n'est donc pas tellement ce que sont ou font les humains qui importe, mais ce qu'ils font en fonction de ce qu'ils peuvent.

Il m'arrive de perdre courage, d'avoir des bouffées d'agressivité, des envies de mettre à la porte certains patients dont j'écoute depuis si longtemps « les histoires », alors que des souffrances bien plus douloureuses me déchirent parfois.

Il me semble, par moments, que je vais perdre patience à les entendre dire : « Vous comprenez, c'est très important pour moi... », « Vous comprenez, il me faut absolument..., « Vous comprenez, je ne peux pas continuer comme ça... »

Je me demande parfois ce que je fais là et pourquoi je ne les renvoie pas à leurs problèmes.

Et pourtant, je ne peux pas faire une chose pareille à ces gens merveilleux qui me font confiance, qui croient en mes moyens (modestes), en ma générosité (limitée), en mon écoute (mesurée). Ils me font exister. En me sollicitant, ils me donnent l'impression d'être utile, me disent même quelquefois que je leur suis indispensable. Que serais-je sans eux, si ce n'est moi-même, c'est-à-dire une toute petite chose...

Que de fois pourtant n'ai-je pas envié mes collègues des laboratoires! Leurs statistiques parfaitement léchées, leurs certitudes permettant de nier ou affirmer du scientifique, de l'objectif et du mesurable. Quelle sérénité de ne dépendre que de ses tubes et appareils, de ses rats et souris! De constituer de volumineux dossiers pour la paternité de découvertes retentissantes, couronnées de prix, médailles et autres Nobels.

Je n'ignore pas que les chercheurs ont aussi leurs contraintes, leur solitude, leurs angoisses et déceptions. Je ne méconnais pas les critiques qui leur sont faites :

« Votre découverte chez l'animal ne s'applique pas à l'homme! Votre médicament miracle, il est mal toléré en clinique humaine! Vos comprimés, merveilleux pour la souris, sont inutilisables pour mes malades... »

Que de fois pourtant aurais-je aimé répondre comme certains le font volontiers aujourd'hui : « Ce n'est pas mon problème... » Car il me semble, à moi, clinicien praticien, que tout ce qui touche à mes malades est mon problème. Moi qui n'ai eu et n'ai à faire qu'à de l'*humain*. Moi qui n'aurai jamais rien découvert, que de l'humain.

Il m'arrive souvent de trouver aux autres des préoccupations futiles. A l'inverse, certains amis me reprochent trop de pensées soucieuses. Je me suis longtemps demandé qui était dans le vrai. Ce sont sans doute eux. Ils sont dans la réalité de la vie. La vie que nous menons nous, soignants, confrontés sans cesse à la maladie et à la mort, n'est pas la vie « normale ». Nous sommes trop près de la souffrance et du malheur. Les autres savent, mais oublient le tragique de la vie, et c'est bien ainsi. Pourvu seulement qu'ils ne l'oublient pas trop.

Car l'humain, c'est le toujours recommencé, le toujours insatisfait et insatisfaisant, le toujours exigeant et exigé, le toujours mal-entendu et mal-entendant, le toujours mal-aimé et mal-aimant, le toujours variable et variant, le toujours subjectif pour qui rêve d'objectivité scientifique, le toujours imprévisible pour qui aime prévoir. L'humain, ça saigne, ça suppure, ça pue, ça vomit. L'humain, ça se plaint, ça reproche, ça se révolte, ça rejette, ça agresse, ça tragique.

Et l'humain, pourtant, je l'aime. De toutes mes activités médicales – passées, présentes et futures – ce sont les « humaines » que je préfère. Je soigne, j'enseigne, je recherche, j'anime, je conférence, je colloque, je congresse, je voyage, je rencontre. Mais si je perds l'humain, je perds l'essentiel. Car l'humain, c'est tellement courageux, généreux, digne, noble, glorieux, divin !

Mais voilà, avec l'humain, on ne triche pas, même « en se forçant ». On est « de l'humain » ou on n'en est pas. Si on en est, cela se voit; point n'est besoin de démonstration. Si on n'en est pas, il ne faut surtout pas « faire semblant ». Cela se voit aussitôt « comme le nez au milieu de la figure », et ce n'est pas beau.

Nous, humains, avons heureusement pour nous la tendresse. Nous ne l'avons pas inventée. Elle nous vient de la bonté du Père et de l'humanité du Christ. Il nous suffit de la laisser affluer pour qu'elle imprègne nos mots, nos gestes, nos regards qui peuvent changer le regard de l'autre.

Elle ne court pas les rues, la tendresse, dans l'iconographie chrétienne! Quel dommage qu'elle n'ait pas été davantage cultivée. Souvent présente dans les « Vierges à l'Enfant », pourquoi n'apparaît-elle pas davantage entre Marie et Joseph? Parce qu'il fallait souligner que celui-ci

66

n'était que le « père nourricier » ? Mais il ne pouvait pas ne pas aimer Marie tendrement. Une des rares scènes évangéliques de tendresse entre époux que je connaisse est celle d'une mosaïque de Saint-Sauveur-en-Chora, église byzantine de Constantinople, représentant Joachim qui embrasse Anne après qu'un ange lui a annoncé qu'elle enfanterait enfin Marie.

Quand je vois des enfants éclater en sanglots parce que je viens de leur dire doucement que l'asthme exige qu'ils se séparent de leur chat (ou de leurs petits animaux), cela m'effraie. Il est certes difficile de perdre l'animal familier devenu substitut affectif. Mais je me dis que ces sanglots de la perte manifestent peut-être un manque d'amour, une solitude affective assez grande pour qu'un animal ait pris une telle importance dans leur vie.

Il ne faut pas se lasser, pourtant, de traquer derrière toute désespérance un brin à tirer délicatement pour trouver le fil rouge de vie.

En d'autres termes, la maladie a-t-elle un sens ? Vaste question, que je ne reprendrai pas ici en détail puisque je l'ai déjà envisagée par ailleurs [1].

On peut répondre négativement. J'ai pour ma part l'habitude de dire « oui, la maladie a un sens », à la condition que cette quête du sens soit une réflexion et non une affirmation du sens, qui nous échappe le plus souvent. Cela n'empêche pas de penser que la maladie ne survient pas « par hasard », mais s'inscrit dans l'histoire passée et présente d'un individu et que c'est ainsi qu'elle prend son sens.

On pourrait évidemment être tenté de distinguer deux sortes de maladies, celles que nous *subissons* en étrangers (maladies congénitales par exemple) et celles dont nous sommes entièrement *responsables* (maladies de l'alcoolisme, du tabagisme et des erreurs diététiques). Mais les frontières seraient floues (rôles souvent indiscernables du congénital et de l'acquis).

1. *Le Souffle coupé*, Gallimard, 1984.
Pour en finir avec les maladies psychosomatiques (avec P. Gazaix), Albin Michel, 1986.
Cancer, à qui la faute ?, Gallimard, 1987.

On pourrait distinguer aussi les maladies « somatiques » et les maladies « psychiques ». Mais je me refuse à m'engager sur ce terrain après avoir affirmé avec P. Gazaix que toute maladie est à cent pour cent somatique et à cent pour cent psychique. Je voudrais donc m'en tenir aux faits que j'observe.

S'il est discutable que la maladie ait un sens, il me paraît indiscutable qu'il existe des maladies du non-sens. Parmi les personnes qui viennent me consulter, malades ou non, gravement ou pas, beaucoup sont malades du sens. Ils ont, me disent-ils d'emblée, « tout pour être heureux » (un métier, une famille, la sécurité matérielle, etc.). Oui, mais voilà, ils ne sont pas heureux. Pourquoi? Parce qu'une souffrance ou un symptôme physique les en empêche, disent-ils. Quelque chose contrarie leur bonheur. Ce symptôme ou cette maladie n'est pas assez grave pour mettre leur vie en danger, mais essentiel cependant au point de les empêcher d'être heureux. « C'est " ça " qui m'empêche de vivre. »

« Ah! s'il n'y avait pas " ça ", je serais heureux (ou heureuse). » « Eh oui, mais précisément, il y a " ça ". »

« Mais, au fait, c'est quoi, " ça "? », demande le médecin?

Et la réponse est parfois surprenante. Si ce médecin vient de quitter, par exemple, un malade cancéreux condamné à brève échéance, il est stupéfait de s'entendre dire qu'un nez bouché contrarie une vie (que cet état puisse être invalidant, c'est certain, mais pas au point de gâcher une vie, comme une paraplégie!). Si ce malade, qui dit sa vie contrariée, oublie tout à coup ses propos désolés ou se met à rire aux éclats lorsqu'on parle « d'autre chose », c'est tout aussi surprenant.

Voici un autre motif d'étonnement pour le médecin. Parvenu à guérir le « ça » qui empêchait d'être heureux, il voit revenir quelque temps plus tard ce malade guéri avec un autre symptôme. Il y aura toujours une contrariété au bonheur de ce « malade », qui avouera lui-même d'ailleurs : « Docteur, je ne sais pas comment cela se fait, j'ai toujours quelque chose! »

Le médecin, étonné qu'une vie puisse être gâchée par

un symptôme relativement mineur, n'a pas le droit de minimiser l'importance du signe. S'il existe, en effet, des douleurs imaginaires, il n'y a jamais de souffrance imaginaire (peut-être la fonction de l'imaginaire est-elle de faire souffrir le réel!). Si dérisoire que paraisse son symptôme, ce consultant souffre réellement, il en est convaincu, et cela ne changera rien de le contredire ou de le moquer.

Aussi, ce malade dont la démarche me questionne, dois-je le questionner à mon tour pour tenter de savoir ce qui sous-tend son symptôme.

Et je lui pose des questions simples, comme celles-ci : « Êtes-vous heureux? » « Êtes-vous angoissé? » « Aimez-vous la vie? »

Les réactions à ces questions « non officielles » dans un questionnaire médical (par lequel j'ai, bien entendu, commencé) sont diverses :

— Réaction de *surprise*, comme si la maladie avait quelque chose à voir avec le fait d'être heureux ou non! Ou comme s'il était indécent de poser la question du bonheur. La surprise est telle que la réaction première est souvent la suivante : « Oui, oui, tout va bien, je suis parfaitement heureux », suivie d'une rectification immédiate : « Heu, en fait, non, ça ne va pas, pas du tout. »

— Réaction d'*esquive* : « Oui, oui, tout va très bien. Rien à dire. » Il peut s'agir d'une sorte de défense, un interdit du genre : « Soignez-moi, guérissez-moi, mais ne touchez pas " au reste ", c'est ma personnalité. » Le médecin sera évidemment respectueux de cette défense (ce qui ne l'empêche pas de la prendre en compte dans sa relation future avec le malade).

— Réaction d'*intérêt* : cette personne qui se plaignait sur un ton assez rébarbatif de son nez bouché, la voilà qui s'anime subitement pour me parler de sa vie, de ses joies et de ses souffrances qui, manifestement, lui tiennent beaucoup plus à cœur que son nez bouché. Elle commence à se raconter, à parler de sa vraie souffrance, et la voilà aussi qui, parfois, se met à en pleurer.

Le médecin a dès lors la conviction que l'obstacle au bonheur n'est pas seulement le nez bouché, mais que, « sur le nez », s'est greffée, cristallisée, une souffrance (inconsciente ou en tout cas ignorée du patient) qui est, elle, le véritable empêcheur d'être heureux.

Quelle est cette souffrance qui fait obstacle au bonheur? Je l'ignore le plus souvent tout autant que l'intéressé. S'il la connaissait, d'ailleurs, il ne serait sans doute pas venu là, devant moi, m'« apporter » son symptôme.

Cette souffrance n'est pas simple et il faut se défier du « psychologisme ». Nous avons ainsi dénoncé par ailleurs, avec P. Gazaix [1], la manie de donner à tout et de tout une explication sommaire et réductrice du genre : « S'il souffre de l'estomac, c'est parce que son patron l'a contrarié » ou « Si elle a des maux de tête, c'est parce qu'elle ne s'entend pas avec son mari », etc.

C'est la raison pour laquelle la vérité de tel malade ne saurait être transposée sans discernement à tel autre. Le psychologisme, c'est le prêt-à-porter de l'humain, alors que sa psychologie ne connaît que le sur-mesure.

Que « veut dire » le symptôme? Selon l'interprétation donnée à son étymologie (*sun*, et *piptein* : « tomber avec »), le mot peut vouloir dire *coïncidence* ou *conséquence*.

Le symptôme est « bête », c'est-à-dire qu'il n'existe pas de relation « linéaire » entre une angoisse et une poussée d'eczéma, un stress et une attaque d'asthme, un deuil et une crise de polyarthrite. Mais il est vrai aussi que le symptôme a du sens, c'est-à-dire qu'il ne survient pas par hasard, mais s'inscrit évidemment dans l'histoire d'un être. Ce qui nous manque, c'est le lien entre la maladie et notre histoire, mais il existe sûrement.

Le *sens*, voilà un mot certes chargé de sens, et sur lequel on a disserté des pages durant. Mais au-delà de toute dissertation, je touche, je vois, je palpe, j'entends à chaque instant le sens, ou plutôt le non-sens de nombreuses vies. Car ils sont innombrables, les quêteurs de sens, les chercheurs de motifs, obsédés de scruter, nez collé à la vitre, l'assemblage de gestes et de pensées qui édifient leur vie. C'est le propre de l'humain que la quête

---

1. F.-B. Michel et P. Gazaix, *Pour en finir avec les maladies psychosomatiques*, Albin Michel, 1987.

du sens, mais peut-être cette quête envahit-elle plus que d'autres le champ de la médecine.

Ce désordre dans l'harmonie de l'autre (qui est probablement le miroir du mien, enfoui ou indésirable) interpelle jusqu'à effrayer quelquefois. S'il effraie, c'est parce que plus profondément il interroge : quelle est cette souffrance, assez monstrueuse pour envahir tant de vies, et assez ineffable pour ne se dire qu'à travers le dérisoire d'une gorge nouée ou d'un nez bouché ?

Certains malades, en fin de consultation, discutent volontiers avec le médecin des « vraies questions ». Questions de la vie : « Avez-vous du bonheur ? » « Aimez-vous la vie ? » Questions de la mort aussi : « Est-il un décès, récent ou ancien, d'un proche ou d'un ami, que vous ne parvenez pas à assumer ? » « Pensez-vous à la mort ? »

Ces questions étant posées, voici venu le moment d'écouter. Ou plutôt d'entendre les vraies réponses. Celles d'un être qui parle enfin de lui et pas seulement d'histoires de pluie ou de beau temps. C'est alors que souvent j'entends la véritable douleur, la vraie souffrance. Réelle ou démesurée, muette ou greffée sur le symptôme, cette douleur n'aurait jamais pu être dite ou entendue si on s'était limité aux questions du genre : « Est-ce que ça vous chatouille ou est-ce que ça vous gratouille ? »

Qu'elles sont éloquentes dans leur sobriété, les phrases pour dire la désespérance ! « Je n'ai aucun plaisir à vivre. » « Je ne compte pour personne. » « Je n'attends plus rien. » « Je ne suis plus rien. » « Ma vie ne sert à rien. »

La souffrance de l'autre est parfois tellement vive qu'elle finit par s'instiller en moi. Le médecin doit se défier, autant que possible, de la « sympathie », c'est-à-dire de la souffrance de l'autre éprouvée en soi. Mais comment l'éviter totalement ? Et voilà que cette sympathie en arrive quelquefois à me submerger. Parfois, c'est trop, je n'en peux plus d'entendre la déréliction. C'est de ma faute, à vrai dire ! Que suis-je allé chercher là, en posant des questions extra-médicales ! Je n'ai qu'à me limiter à la médecine et griffonner des ordonnances. Le Vidal (dictionnaire des médicaments) contient 84 rubriques d'« anti- », c'est-à-dire de médicaments contre les symptômes de maladies (antispasmodiques, antidépresseurs, antisécrétoires, antimétéoriques, antifongiques, anti-ulcéreux, antilithiasiques, etc.). Il n'y a que l'embarras du choix.

Certains malades ne souhaitent pas établir le lien entre leur maladie et eux, et se cramponnent à la plainte limitée de leur seul symptôme (et cela, souvent, d'autant plus qu'il est bénin). Ils traînent leur inexistence de cabinets médicaux en pharmacies, de consultations en ordonnances, qui leur donnent l'impression d'exister.

Si le médecin est habituellement incapable « de dire le sens » de telle maladie pour tel malade, il ne s'expose pas à l'erreur en proposant à ce malade l'idée que sa maladie est synonyme de disharmonie, de souffrance inconnue chevillée à l'intime de son être!

Si je prends un exemple qui m'est familier, celui de l'asthme bronchique, je sais comment tel cas d'asthme s'est constitué, mais j'en ignore le pourquoi. A l'asthmatique qui me le demande je me crois cependant autorisé à répondre que son asthme exprime une souffrance qui, ne pouvant se dire par le langage articulé, s'exprime par cette plainte sifflante qui caractérise ses crises. Souffrance inconnue, inconsciente, ancienne (qui date peut-être même de sa vie intra-utérine). Je l'explique avec des mots adaptés au demandeur et ne peux, habituellement, en dire plus au sujet de l'origine de cette souffrance. Mais la plupart de ces asthmatiques sont extrêmement intéressés lorsque je leur dis : « Cet asthme, c'est votre façon d'être. C'est vous », c'est-à-dire une sensibilité singulière, expliquant que vous réagissiez avec vos bronches à des « agressions » auxquelles les autres ne réagissent pas. Et j'ajoute que cette sensibilité singulière (biologique autant qu'affective, dont Marcel Proust demeure un exemple évocateur), pourrait (devrait) être investie dans la créativité, sous une forme ou une autre.

Et voilà que cette malade qui traînait son asthme comme un boulet ou une mystérieuse malédiction imméritée, qui passait sa vie à se battre contre elle-même, perçoit tout à coup son mal comme un tribut à verser au « compte misère et grandeur » de l'humain.

Celle qui se percevait comme une handicapée, victime d'un sort auquel il n'y avait plus qu'à se résigner, toute sa vie durant, va commencer à se prendre en charge, à surmonter sa maladie, à vivre mieux avec, jusqu'à vivre « normalement ». D'un « moins » elle va faire un « plus ». Avec un facteur de dépréciation, elle va se valoriser, elle va construire sa singularité. Quelques mots l'on fait « changer de place » : elle se situe désormais en un lieu d'où le déficit est exclu.

Quel que soit le nom qu'on lui donne (mal-être, mal dans sa peau, dans sa vie, dans sa tête, névrose), le nom de ce « ça » qui, « si ce n'était pas ça », permettrait d'être heureux, le nom commun à de nombreux symptômes, c'est la « maladie humaine », ou plus précisément la maladie appelée « homme ». Je veux dire « la maladie d'être un homme », celle qui consiste à assumer sa condition humaine à l'aube du troisième millénaire.

Est-il, en cette fin de xxe siècle, plus ou moins facile de vivre, c'est-à-dire d'être fidèle à son honneur de vivre et – a fortiori pour le croyant – au projet de Dieu ? Je ne sais. Mais les questions demeurent : quel sens je donne à ma vie ? A quoi sert-elle ? Où mène-t-elle ?

Ces questions aussi vieilles que l'espèce humaine, aussi banales qu'essentielles, demeurent actuelles. Et il est difficile, sinon impossible, de vivre sans leur apporter sa propre réponse. Assumer au mieux sa condition humaine constitue pour certains la justification de leur vie, de son tragique et de ses joies. Reconnaître et accepter la vie comme absurde est également, considèrent d'autres, le propre de la condition humaine. On connaît la formule de Sartre : « L'homme naît sans raison ; il vit par faiblesse et meurt par hasard. »

Après cela, il n'y a plus qu'à se précipiter sur le livre tristement fameux, *Suicide mode d'emploi.*

Le spectacle du monde depuis le début du xxe siècle accrédite volontiers, il est vrai, une philosophie de l'absurdité du monde. Et je crois que le chrétien doit avoir accepté – au moins une fois – de scruter le monde sous l'angle de l'absurde pour que sa foi ne soit pas suspecte. Si je récuse l'absurde, ce n'est pas, je le pense sincèrement, parce qu'il me dérange, ou parce que je serais incapable de le regarder en face. Mais parce qu'il me paraît impossible que tout soit entièrement, absolument, définitivement absurde. Comment? Des êtres naissent, travaillent, inventent, aiment, se passionnent jusqu'à fusionner pour créer; ils vivent, souffrent, meurent, et tout cela pour rien? Les hommes ne seraient donc que des marionnettes dont les molécules d'ADN génétiquement programmées tireraient les ficelles?

Et l'immanence de l'art? Et la douleur de la création, et l'émerveillement de la beauté? Ne seraient-elles que misérables convulsions de fourmis piétinant sans fin dans leur agitation obstinée? Des fourmis qui, se voulant immortelles, s'acharneraient à laisser – sur du sable – les traces de leur passage?

Ce malade chez lequel je viens de déceler un cancer, que je vais, plusieurs années durant, revoir, soigner, écouter. Dont je saurai souffrances et joies. Avec lequel je nouerai le dialogue du cœur à cœur, mon regard en son regard. Tout cela est absurde, tromperie, comédie insensée? Sollicitude mutuelle de forçats embarqués sur la même galère? Il faudrait l'accepter, au nom d'un prétendu stoïcisme? Il faudrait admettre ce qualificatif abominable de « résigné »? Mais c'est monstrueux! Comment croire à cette ignoble duperie?

A mi-chemin entre ceux qui assument avec détermination leur condition humaine et ceux qui considèrent la vie comme absurde, on trouve ceux qui traînent derrière eux une vie dépourvue de sens, à la façon dont le chameau, aveuglé pour la noria, poursuit sa ronde sans fin. Et c'est particulièrement chez eux, me semble-t-il, que le symptôme ou la maladie est devenu *alibi*, d'une telle vie dépourvue de sens. Comme il n'est pas possible de vivre dans « l'insensé », le symptôme est devenu un ersatz de sens, qui justifie son non-bonheur, exprime la souffrance, fatalité d'une vie (« Faites vous-même votre malheur! »), et appelle à l'aide l'autre (le médecin et ses drogues, bien sûr, ou qui voudra bien l'entendre).

Or il me semble à moi que Dieu donne du sens et que la foi en Lui (l'amour surtout) contredit l'absurde. Je vois évidemment ici les deux objections qui me seront faites aussitôt : on me dira que l'alternative ne se réduit pas à Dieu ou le « non-sens », car la sollicitude envers l'Autre, même sans la foi, peut parfaitement justifier et donner du sens, de même que le combat pour la dignité de l'homme est tout autant porteur de sens. « Chaque fois, écrit Camus, que Sisyphe a gravi la montagne en portant son rocher, il est supérieur à son destin. » On m'objectera aussi : n'est-ce pas *votre* vérité que vous proposez comme universelle ? Vous éprouvez le besoin du sens (c'est vrai), vous le cherchez (c'est vrai), vous le trouvez en Dieu (c'est encore vrai). Mais l'objection comporte un sous-entendu : Dieu vous sert à donner du sens à ce qui n'en a pas, mais rien ne vous prouve sa réalité. C'est le refuge de votre insupportable angoisse du vide.

Et c'est vrai que la foi de beaucoup est devenue la forteresse où l'on s'enferme dans une fausse sécurité aveugle. Mais la forteresse est défense contre la peur. Et la vraie foi ne saurait se fonder sur la peur, puisqu'elle procède de la vie et produit de la vie. Si Dieu le Père a trop longtemps été considéré comme un Dieu punisseur, il a, au contraire, incarné son fils pour nous libérer de la peur. Et puisque « nul ne connaît le Père si ce n'est à travers moi », dit le Christ, il paraît possible de scruter ce qui, du Dieu incarné, transparaît à travers l'homme naissant, souffrant, procréant ou mourant.

Mais la quête du sens est un combat permanent auquel certains se refusent. Face à la souffrance, ils s'évadent. Aussi effrayant que la souffrance morale est son antidote : les tranquillisants. Ils se multiplient dans le monde en général, et en France en particulier, pays le plus « tranquillisé » de notre planète, qui consomme 3,5 milliards de comprimés de tranquillisants et somnifères par an, soit 150 millions de boîtes, soit 5 fois plus par habitant qu'aux États-Unis, soit une moyenne de 80 comprimés par Français adulte. Et en France cette « toxicomanie légale » qui a doublé en 10 ans n'épargne pas les enfants puisque 50 000 prescriptions s'adressent à des bébés de moins de 9 mois, et 400 000 à des enfants de moins de 7 ans [1]. Un nombre croissant de personnes qui me consultent ne s'endorment plus sans leur comprimé (de benzodiazépine ou de somnifère).

Les anxiolytiques, ces médicaments « qui dissolvent l'anxiété », sont progressivement devenus les cache-misère de tous les symptômes du mal de vivre, des troubles sans traitement spécifique, des consultations bâclées, les substituts de l'écoute et du dialogue avec des gens pressés. Loin de s'en plaindre, les drogués aux tranquillisants en redemandent à leur médecin qui ne peut les leur refuser, et voilà pourquoi le marché de l'angoisse est l'un des plus florissants. Face à ces « inquiets tranquillisés », je m'interroge : est-ce leur seuil de tolérance à la tension morale qui est abaissé ou sont-ce les agressions de notre époque qui rendent notre vie plus anxiogène qu'auparavant ?

On peut se demander également si ce record du monde des tranquillisants est pour la France le fruit du hasard. Et si c'était parce que ce pays a donné naissance au xixe siècle à la médecine *scientifique* (Laennec, Claude Bernard, Pasteur), et que ce record de consommation est en lui-même un symptôme (« Le symptôme, c'est la vérité », disait Lacan), celui de la croyance que tout se règle par le médicament ?

Je ne sais. Mais je pense, ici, au grand et regretté Maurice Clavel, qui, admis en clinique pour un état dépressif, entendit le médecin dire à sa sœur dans le couloir : « Nous allons lui donner des anxiolytiques car il *avait* une très forte personnalité. » L'emploi de l'imparfait l'a assez effrayé pour lui faire quitter immédiatement la clinique en cachette.

Ces anxieux drogués gagnent en tranquillité-sécurité, mais que perdent-ils ? Je ne voudrais pas évidemment donner ici l'impression de faire de l'angélisme. Il y a des situations terribles, voire impossibles à assumer, et il est évident que les médicaments sont faits pour ça. Recourir aux tranquillisants dans une période insupportable de la

1. *Science & Vie*, janvier 1989.

vie est tout à fait naturel. Ce qui l'est moins, c'est l'usage permanent (le « tranquillisant » n'est que l'une des formes de « drogue »; chacun peut avoir la sienne, comme l'asthmatique qui tire toujours sur son spray bronchodilatateur). Il ne s'agit pas ici de blâmer, simplement de constater. Laissons de côté les effets catastrophiques – à long terme – sur le fonctionnement de l'être (dégradation de la mémoire, accoutumance et dépendance, rebonds d'angoisse ou de panique à l'arrêt du traitement). Ne vaut-il pas mieux être mal dans sa peau mais demeurer soi-même, plutôt que d'être déformé par un tranquillisant ? Se « tranquilliser » ainsi, n'est-ce pas, d'une certaine façon, satisfaire au besoin d'être « normal », c'est-à-dire ressemblant aux autres ?

Mais quels sont les critères du normal et pourquoi faudrait-il que l'humain soit conforme aux normes, homogénéisé, alors qu'il n'y a d'humain que dans la singularité ? La biologie elle-même nous apprend que tout le vivant est hétérogène. L'homogène, c'est la mort. Et un généticien aussi averti que Ruffié nous indique que du point de vue de nos chromosomes il n'existe pas deux êtres humains absolument identiques. Refuser nos différences, n'est-ce pas refuser les contradictions qui font le prix singulier d'un être, merveille unique de Dieu, créée à son image ?

Accepter notre différence, assumer la souffrance (la nôtre ou l'agression de celle qui nous entoure), n'est-ce pas cela aussi l'honneur de l'humain, l'honneur de vivre ? Faut-il, pour ne plus en souffrir, s'y « désensibiliser », comme on le fait avec les allergies, provoquées précisément par ces allergènes qu'on ne peut supporter ?

« Nous qui souffrons si peu, alourdis de drogues, interroge Michel Serres, nous qui n'avons plus faim, nous dont la science tutélaire diffère sans cesse le jour de la mort, pouvons-nous encore prétendre à ce titre d'hommes ? »

Je ne sais pas si Satan (le diable, le démon, le malin...) existe : je ne l'ai jamais vu. Mais j'en vois tous les jours les manifestations – hélas bien trop visibles ! –, dénommées « le mal dans le monde ». Et je suis convaincu – parce que je les sens sous mes doigts qui palpent – qu'il existe des forces destructrices, qui déconstruisent l'homme, le diminuent, le distraient en tout cas de sa vocation divine et l'éloignent de la grandeur à laquelle Dieu l'a appelé. Et pour laquelle il a été créé.

Et ces forces ont été trop et trop longtemps considérées comme des puissances supraterrestres, étranges et mystérieuses. Le mal est en réalité parfaitement clair et proche. Le mal, c'est notre production, notre spécialité brevetée. « Faites vous-même votre malheur » [1], titre un livre à succès (qu'il faut relire). C'est vrai que tout humain porte en lui une formidable, fantastique, « machine » à mal et à malheur qu'il fait fonctionner – plus ou moins consciemment – avec une curieuse obstination. L'un des mérites de Freud fut de lui donner un nom : « pulsion de mort ». La maladie n'est donc pas, comme nous le croyons souvent, un accident, un hasard. Pour prendre un exemple des plus banals, celui de l'épidémie de rhume, chacun sait que selon son état du moment on passe à travers ou on y succombe.

On va évidemment m'objecter que certains subissent le mal dont ils sont les innocentes victimes. C'est vrai ; mais cela ne contredit pas le mal comme produit de l'homme. Si des enfants meurent de faim, c'est parce que des adultes mangent trop.

C'est pourquoi je crois tout aussi fermement, parce que je les respire, qu'il existe à l'inverse des forces qui font l'homme davantage homme, qui le libèrent et le rendent pleinement à son destin de fils de Dieu.

« Faut-il se scandaliser, interroge Michel del Castillo, que le peuple chrétien ait échoué là où Dieu n'a pas réussi ? Car enfin, l'ombre que dessine la crèche, c'est celle d'un gibet, autant dire d'une guillotine. Aussi bien la grandeur du christianisme tient-elle non au résultat, qui appartient à Dieu, mais dans l'effort à chaque heure recommencé, dans le quand même, c'est-à-dire dans la foi. [...] L'idéal chrétien ne se mesure pas en termes d'efficacité mais de morale ou de conscience, les deux termes se valent. L'idéal chrétien, c'est l'affirmation hautaine et

---

1. Paul Watzlawick, *Faites vous-même votre malheur*, Le Seuil, 1984.

scandaleuse que ce monde corrompu participe du divin, que, dans chaque homme et d'abord le plus démuni, le plus misérable, une fissure existe qui ouvre sur un autre univers... »

Plutôt que le « bien » et le « mal », ma pratique médicale – pratique de la vie – m'impose tous les jours le spectacle de l'œuvre des forces de vie et des forces de mort. Faut-il préciser, tellement c'est évident hélas!, que le croyant n'a pas le monopole de ces forces de vie, pas plus que l'incroyant n'aurait celui des forces inverses. Et si je risque une lapalissade pour dire que les forces de mort s'opposent point par point aux forces de vie, c'est parce que je perçois en permanence cette sorte de balance entre les deux, dans la vie et la mort des hommes bien sûr, leurs maladies et leurs guérisons, mais aussi dans la pesanteur et la grâce, la déréliction et l'alléluia. Et j'affirme envers et contre tout que les forces de vie demeurent les plus fortes en dépit des apparences : sinon il y a longtemps que l'homme aurait disparu.

Cette balance, je l'ai vécue dans ma chair avec une implication personnelle qui m'a fait visiter en détail le site du Golgotha. La déréliction du Christ, je l'imagine, même si la mienne n'est jamais multipliée par des millions d'humains pour ressentir celle qu'il a pu éprouver...

Pendant que l'un de mes proches, d'une santé resplendissante, se détruisait, victime des forces de la nuit, l'une de mes petites malades luttait désespérément contre la mort de ses poumons qui ne l'oxygénaient plus. Et tandis que l'être cher appliquait son énergie à se détruire, cette enfant et sa mère appliquaient la leur à une mission impossible : trouver le chirurgien et surtout le donneur qui remplaceraient ses poumons et son cœur défaillants. Et je vivais simultanément ces deux démarches inverses, la lutte et la joie d'une enfant (finalement rendue à la vie grâce à une transplantation cardio-pulmonaire réussie), et la détresse d'un autre enfant (qui se perdait dans la nuit).

Un autre exemple? Tandis que beaucoup de mes malades atteints d'un cancer du poumon échappent à nos efforts thérapeutiques, l'un d'eux – et l'un des plus gravement atteints – nous a dit : « Guérissez-moi vite, je veux

79

réaliser mon projet le plus cher : faire le tour de France à vélo ». Et nous le soignons, bien sceptiques quant à cette perspective. Chimiothérapie et radiothérapie! Et il part faire son tour de France : 7 200 km à vélo en 40 jours. Dans chaque ville-étape, accueil, réception, conférence pour diffuser son message d'espoir. Il revient. Guéri!

On pourrait évidemment discuter longuement de l'influence du psychique sur le physique. J'ai dit par ailleurs, après beaucoup d'autres, que j'en suis personnellement convaincu. Mais je voudrais souligner ici combien la « crise » de la maladie peut donner à l'individu en général, et a donné au tour de France de cet homme en particulier, une tout autre dimension que son projet initial. J. Bonnefond a remporté en effet une double victoire. Sur sa maladie, sur lui-même et ses doutes, réussissant, comme l'a judicieusement souligné un journaliste, « la plus belle échappée de l'année », racontée dans un livre au titre éloquent [1]. Mais il a, aussitôt après, fondé une association qui vient en aide aux malades. Son témoignage entraîne donc « dans sa roue » une foule de gens, qui, après lui, malades ou non, reprennent courage et confiance.

Si le croyant n'a rien de spécifique à dire sur certains sujets, on attend de lui « que dans la lutte sourde qui traverse toute société » il soit « du côté des forces de vie, d'espérance et de croissance [2] ». Avant de condamner les « théologies de la libération », peut-être faudrait-il en voir le centre, c'est-à-dire la foi en le « Dieu de la Vie » et l'urgence d'en témoigner.

« Dieu de la Vie »... Mais pour en revenir à la question initiale : « pourquoi la souffrance? », on pourrait répondre, d'abord que la souffrance existe, parce que l'homme est vulnérable, parce que la connaissance et la maîtrise de sa maladie et de son vieillissement ne sont pas achevées. Pour celui qui s'interroge sur l'existence de Dieu, l'interrogation reprend la question posée au début de ce chapitre : pourquoi la souffrance de l'homme si Dieu existe, s'Il est son créateur, et s'Il est bon?

1. Jean-Justin Bonnefond, *Jusqu'à mon dernier souffle*, Éd. Lacour, Nîmes, 1987.
2. P. Valadier, *l'Église en procès*, Calmann-Lévy, 1987.

Les chrétiens (qui ont beaucoup évolué en ce domaine) préfèrent désormais l'absence de réponse (« Je ne sais pas ») à cette ancienne et éternelle question à des réponses issues de leurs fantasmes ou idolâtries. Les discours sacrificiels sur la souffrance « purificatrice » ou « rédemptrice » se sont faits heureusement plus rares.

Le service où j'effectuais l'un de mes stages d'interne des hôpitaux recevait beaucoup de femmes, admises après des avortements qui tournaient mal, parce que pratiqués dans la clandestinité et des conditions médicales abominables. Ces femmes décédaient pour la plupart dans des souffrances atroces, dues à une septicémie à perfringens, responsable de l'insuffisance rénale et de la jaunisse donnant à l'agonie de ces malheureuses un aspect effrayant.

Auprès d'elles, les religieuses de Saint-Vincent-de-Paul se dévouaient avec une générosité absolument remarquable – je dirais ici exceptionnelle. En termes de charité chrétienne, on se sentait vraiment « tout petit » auprès de ces religieuses entièrement vouées aux êtres souffrants. Je me souviens pourtant (et ce n'est pas une critique, mais ceci témoigne de la mentalité du temps) que leur état d'esprit vis-à-vis de ces femmes était encore imprégné de la notion de châtiment d'un péché. En toute bonne foi, elles expliquaient à ces pauvres femmes que leur calvaire rachetait leur péché.

Une religieuse admirable, qui a porté des années durant l'une des souffrances physiques les plus terribles que je connaisse, m'a dit plus récemment : « Il faudrait ne jamais parler de la souffrance, car vous risquez toujours d'en parler à quelqu'un qui, ayant souffert plus que vous, en saura plus long. »

Finissons-en, par conséquent, avec la souffrance « voulue » par Dieu. Remarquons simplement – et c'est mystérieux – qu'elle est parfois barrière ou porte, qui, une fois franchie, fait accéder à un territoire différent, de plus-être et de transcendance. On se souvient de : « L'or affiné au creuset ! », « Rien ne vous rend si grand qu'une grande douleur. »

Serait-il donc nécessaire d'avoir franchi la porte de la souffrance pour « s'humaniser » ? Faut-il que, de près ou de loin, nous ayons humé les effluves de la mort (physique ou morale) pour que s'avive notre sensibilité et deviennent cœurs de chair nos cœurs de pierre? Pourquoi le plein-humain serait-il inaccessible sans le passage par l'épreuve? Il n'existe pas, évidemment, de réponse unique.

Encore convient-il d'y insister : la maladie et la mort ne sont pas le comble du tragique. J'ai vu, je vois, dans ma vie de médecin, les maladies les plus monstrueuses affecter des êtres. Mais je n'ai jamais vu (hormis erreurs, acharnements...) des êtres dégradés dans leur dignité d'homme. Car la maladie et la souffrance sont « de l'homme ». Si scandaleuse soit-elle, jusqu'à l'intolérable, la douleur n'avilit pas.

Ce qui rabaisse l'être, c'est sa déchéance relativement à la dignité inclue dans le projet de Dieu sur lui : c'est l'être qui se drogue, s'alcoolise, se mutile, se masochise, se prostitue.

Au cours de nombreux voyages dans des pays « en voie de développement », j'ai vu la faim, la maladie, la misère. Mais dans les regards, j'ai vu aussi souvent la *dignité* que le feu de *l'espérance*.

Le terrible, c'est la résignation ou, pis, le désespoir. Car le désespoir, c'est précisément la perte du sens. C'est vraiment lorsque plus rien, y compris la détresse, n'a de sens, que commence le désespoir.

Si la question de la souffrance et du mal n'a pas de réponse, on peut du moins la poser correctement. C'est ce que Job, le premier, a fait. Sa longue histoire est particulièrement instructive car celui qui a écrit son Livre avait probablement un vécu personnel assez brûlant sur le sujet et il savait de quoi il parlait lorsqu'il a mis en scène ses personnages pour une des analyses les plus pertinentes que je connaisse sur la question du mal. Elle mérite donc d'être abordée assez longuement lorsqu'on évoque « la chair de Dieu ».

Job, le héros de ce conte oriental, est présenté comme un cheik des oasis du désert compris entre la mer Morte et le golfe d'Akaba. C'est donc un « païen » (non juif), mais un croyant fervent cependant. Un homme intègre et droit, vivant dans la crainte de Dieu, le refus du mal et, qui plus est, un père de famille riche et heureux. C'est un homme « si bien sous tous rapports » que Yahvé, dans sa cour céleste, fait remarquer à Satan combien de telles créatures lui donnent satisfaction.

Mais Satan le défie : si Job se comporte aussi magnifiquement vis-à-vis de Dieu, ne serait-ce pas, par hasard, parce qu'il a toutes raisons de le faire, compte tenu des bienfaits dont Dieu l'a comblé? « Son amour pour toi est-il vraiment désintéressé? interroge Satan. Étends la main et touche à ses biens, et je te parie qu'il te maudira en face. »

Question sur la pureté de la foi : quels sont, dans la foi de Job, les pourcentages respectifs de gratuité et d'intérêt de rétribution? Dieu relève le défi, à la condition que Satan n'attente pas à l'intégrité du corps de Job.

Revenons sur terre. Job apprendra donc la mort de ses enfants et la perte de tous ses biens. Pourtant, il ne médit pas de Dieu.

Surenchère de Satan : si Job (l'homme) peut avoir le courage de renoncer à ses enfants et à ses biens, comment réagira-t-il lorsqu'il s'agira de sauver sa peau? « Touche à ses os et à sa chair; je te parie qu'il te maudira en face. » Et voilà Job ravagé par « un ulcère malin, étendu de la plante des pieds au sommet de la tête ».

Au fond du désespoir, Job se révolte violemment, maudit le jour où il est né, adresse à Dieu des remontrances et lui pose des questions. Mais Satan perd néanmoins son second pari, puisque Job refuse de maudire Dieu et traite même de folle sa femme qui l'y incitait.

Voici qu'arrivent ensuite les donneurs d'explications patentés et c'est l'une des parties les plus réalistes du Livre que celle des discussions de Job avec ses amis. Ceux-ci sont venus animés du meilleur sentiment, celui de visiter un ami dans le malheur. Ils sont touchants de sensibilité, car le découvrant en aussi piètre état, ils se mettent à pleurer puis demeurent assis auprès de lui « sept jours et sept nuits », silencieux et compatissants. Mais après s'être tus et l'avoir sondé pour savoir si « on peut lui parler », ils commencent à lui expliquer que s'il est dans la déréliction, c'est assurément parce qu'il a offensé Dieu et qu'en réfléchissant bien il retrouvera sa faute et n'aura plus qu'à s'en repentir pour être à nouveau comblé. Leur ton pour expliquer cela est d'abord courtois, puis devient carrément agressif lorsque Job s'entête à récuser leurs arguments. Car ils sont sûrs de leur vérité : la pauvreté et la maladie sont le châtiment de ses fautes. Nier cela, c'est vouloir « avoir raison contre Dieu ». Leurs propos ne font qu'accentuer la fureur de Job. Il ne s'ignore pas pécheur en tant qu'humain, mais vraiment, non, il n'a rien fait pour mériter l'épreuve qui l'accable.

Et il va plus loin. Il reconnaît, certes, qu'il parlerait comme eux s'il était à leur place, mais leur « chanson », il la connaît par cœur et il les traite de « consolateurs inopportuns ». Ce passage, souligne G. Guttierez [1], est essentiel pour refuser toute théologie qui ne tient pas compte des souffrances et des espérances concrètes de l'homme. Le discours autosuffisant des amis n'apporte rien, il masque et défigure le visage de Dieu, parce qu'il procède de la projection de leur pensée idolâtre d'un Dieu punisseur et non de Dieu lui-même.

On voit évidemment pointer ici la récupération idolâtre de la question du mal à laquelle il est d'autant plus facile de donner une réponse qu'elle n'en a pas. Cette récupération est extrêmement dangereuse car elle justifie Auschwitz, le goulag, les disparus d'Argentine, les malheureux du monde entier, présentés comme des victimes nécessaires, quand ils ne s'accusent pas eux-mêmes sous la torture !

Dans le passé, les chrétiens ont eu la main très lourde en ce domaine pour imputer à leur Dieu punisseur tous les maux de l'humanité. Avec le « bénéfice » de la culpabilité et ses conséquences (en termes de pouvoir). Et certains continuent, car cet état d'esprit réapparaît régulièrement dans des milieux « chrétiens ». Aujourd'hui, par exemple, à l'occasion du sida. « Le sida est un châtiment de Dieu », s'est empressé de déclarer à l'hebdomadaire catholique italien *Il Sabato* le cardinal Siri, archevêque de Gênes, considérant la maladie comme « la réponse divine à la pro-

---

1. G. Guttierez, *Job. Parler de Dieu à partir de la souffrance de l'innocent*, Éd. du Cerf, 1987.

gression dans le monde des sept péchés capitaux ». De très nombreuses lettres, anonymes ou non, adressées aux journaux, ont témoigné du même état d'esprit : « Le sida arrive à point nommé pour supprimer toute une partie de la population qui est la source d'une inquiétante pollution. »

Voilà revenu le « Dieu pervers »[1] totalement étranger au Dieu de l'Évangile, reconnu à son respect de la dignité humaine fondamentale. Voilà le sida utilisé comme « arme d'une reconquête morale, d'une croisade de la chasteté, après la libération sexuelle et le rouleau compresseur de la permissivité » (H. Tincq).

La plupart des autorités religieuses n'adoptent évidemment pas ces façons de penser, dénoncent cette interprétation et ont mis en place à Londres, à Chicago, des programmes d'accueil et d'assistance. Mère Teresa a installé à New York un centre pour les sidéens, tandis que le cardinal Lustiger inaugurait à Paris un lieu d'accueil semblable. Au-delà du refus de lectures aussi fausses et négatives que celle du châtiment, le fléau doit susciter d'autres démarches positives : nous les évoquerons.

Revenons à Job, toujours assis sur le tas d'ordures de sa cour. Homme de conviction, il n'acceptera jamais l'explication de sa détresse, donnée par ses amis, et maintiendra, affirme-t-il, son « innocence jusqu'à son dernier souffle ». C'est l'un des traits les plus attachants de ce croyant que cette force de caractère, cette fidélité à soi-même qui l'amène, malgré les pressions, à refuser obstinément ce qu'il estime contraire à la vérité.

Job est un croyant rebelle, qui se révolte, comme se révolteront, à juste titre après lui, devant l'insupportable des millions d'hommes, croyants ou non. Il se rebelle contre le mal qui l'accable, contre la théologie de pacotille de ses amis, contre Dieu lui-même. Et à défaut de l'explication des autres, il continue à rechercher la sienne.

Sa logique est simple : bienheureux les riches. Quand j'étais riche et bienheureux, j'étais aimé de Dieu. Si je suis malheureux, cela signifie que Dieu ne m'aime plus. Convaincu que c'est à Dieu qu'il devait son bonheur, il lui

1. M. Bellet, *Le Dieu pervers*, Éd. du Cerf, 1987.

impute également son malheur et se tourne naturellement vers Lui pour solliciter une explication puisqu'il estime n'avoir en rien démérité. Et il interpelle Dieu en des termes parfois violents, proches du blasphème : « Mon Dieu, où es-tu? s'écrie-t-il. Je voudrais te rencontrer et avoir avec toi une explication » (et son cri de détresse même est un cri de foi, comme le sera celui du Christ en croix).

Mais Dieu se tait, et pour celui qui croit en Lui, ce silence même ajoute à l'épreuve, car c'est de sa foi que procède l'incertitude, et par conséquent la souffrance du croyant, alors que l'incroyant n'en est pas affecté. Et dans le silence initial de Dieu, le long monologue de Job se résume par l'interrogation suivante : si on ne peut expliquer la souffrance, énigme humaine insondable, « comment penser Dieu et parler de Lui à *travers* la souffrance de l'innocent? »

Au-delà de sa propre détresse, Job pense à celle des autres, celle des malheureux de tous les temps. Faire passer le souci des autres avant le sien, c'est déjà avancer vers Dieu. Et à travers ses alternances de plaintes et de révoltes, Job, effectivement, sort de sa voie sans issue. Car après avoir sollicité un arbitrage entre Dieu et lui, il finit par dire sa confiance en son Dieu libérateur : « Je sais, moi, que mon Défenseur est vivant [...] et, de ma chair, je verrai Dieu. »

Il est habituel de conclure les analyses du Livre de Job en assimilant sa fin à un jeu de dupes ou à un dialogue de sourds. C'est-à-dire en déplorant qu'il laisse en suspens l'une des questions essentielles de l'homme qu'il avait eu le mérite de bien poser.

On pourrait presque dire que c'est heureux, car une telle réponse aurait été la parole humaine du conteur mise sur les lèvres de Dieu en guise de réponse divine. Avouons ensuite qu'une conclusion du genre « Deus ex machina » nous aurait beaucoup déçus, au terme d'une analyse aussi fascinante. (D'autant que le conte oriental « finit un peu trop bien », puisque Job sera réintégré dans son état antérieur.) Soulignons enfin, avec Moche-le-Bedeau, « le bon à tout faire » de la synagogue qui apprenait la Kabbale à

Élie Wiesel, que « chaque question possède une force que la réponse ne contient plus (...) et que « l'homme s'élève vers Dieu par les questions qu'il lui pose » [1].

Mais si on veut bien y regarder de plus près, le « solde » de l'histoire de Job est loin d'être négatif. Dieu, tout d'abord, se limite à rappeler (sur un ton ironiquement affectueux) qu'il est différent de ce que l'homme peut imaginer. Il ne nie pas le mal et ne le justifie pas, mais renvoie à la foi : il a sa liberté et l'homme a la sienne. Libre à l'homme de l'aimer ou non.

Job a effectivement trouvé sa liberté, et elle s'avère féconde, puisque la fin du Livre le montre parvenant « au sommet » de sa foi. Après avoir été dépouillé de ses biens et de sa santé, il s'est dépouillé lui-même de sa colère, de son ressentiment, de sa révolte, de sa soif de justice, de son angoisse, de sa désespérance même. Il renonce à ses jérémiades. Et parvenu à ce point de nudité, il a également atteint un degré maximal de gratuité et de liberté. C'est-à-dire de foi, une foi *transfigurée*. La rencontre avec Dieu, qu'il avait ardemment voulue, se produit enfin : « Je ne te connaissais que par ouï-dire, mais maintenant mes yeux t'ont vu. »

Son horizon s'est brusquement éclairé, parce qu'il a compris que l'amour de Dieu (comme tout amour) n'évolue pas dans un univers de causes et d'effets, mais dans celui de la liberté et de la gratuité. Il s'agit de choisir entre une *religion* (qui calcule au sujet de Dieu) et une *foi* (qui est relation libre et bilatérale d'amour). Job aime Dieu « pour rien ». Rebelle, espérant, Job apparaît donc également comme l'une des plus belles figures de croyant.

On comprend cependant que la question de Job, qui est celle de l'humanité, demeure éternellement ouverte : elle l'a été pour des millions d'hommes, de chrétiens et de juifs, persécutés tout au long de l'histoire des hommes.

Élie Wiesel, victime des camps nazis, l'a posée à son Dieu qui se révélait dans « le mystère d'iniquité d'une abomination » : « Où est Dieu ? Où est-il ? » gémissait

---

1. Élie Wiesel, *la Nuit*, Éd. de Minuit, 1958. Préface de François Mauriac.

quelqu'un à Auschwitz, obligé d'assister comme lui à la pendaison d'un enfant. « Le voici, répondait en lui une voix : il est pendu ici, à cette potence. » Et lorsque, plus tard, l'assemblée chantera solennellement pour le Roch Hachanah : « Béni soit le nom de l'Éternel », É. Wiesel se sentira incapable de s'associer au chant : « J'étais l'accusateur. Et l'accusé : Dieu. »

Où est Dieu ? Nul doute que se sont posé la question les écrasés du stalinisme, du goulag, de tous les fascismes et totalitarismes, des guerres du Viêt-Nam, de l'Afghanistan et du Liban. Comme se posent la question les chrétiens d'Amérique latine : « Comment parler d'un Dieu qui se révèle à nous dans une réalité marquée par la pauvreté ou l'oppression ? » interroge G. Guttierez.

« Où est Dieu ? », peuvent se demander les téléspectateurs voyant sur leur téléviseur ces enfants africains décharnés et faméliques, dont les mouches viennent sucer les larmes à l'angle interne des yeux. « Où est votre Dieu ? », me demandent parfois des membres de mon équipe médicale, lorsque nous perdons des enfants ou de jeunes mères et pères de famille.

Des millions de Job à travers le monde souffrent et interpellent Dieu. A défaut de répondre, Il donne le témoignage de son Fils. Et ici encore, le Christ « est passé devant ». Il a souffert atrocement (la crucifixion culmine dans l'horreur des pires souffrances). Il en a hurlé : lorsqu'elle est trop insupportable pour être tue, la souffrance criée témoigne du plus haut degré de douleur. Il a connu le désespoir : « *Éloï, Éloï, lamma sabacthani !* »

Voici le fils de Dieu accablé, comme n'importe quel humain, par la confrontation avec le vide, livré seul à l'angoisse atroce de la mort. Et de ces profondeurs enténébrées, surgit son cri de désespoir. C'est, au sens étymologique du mot, la déréliction : « Pourquoi, toi aussi, mon Père, m'as-tu abandonné ? »

C'est aussi un cri de révolte contre l'insupportable. Heureuse révolte, puisqu'elle contient implicitement son germe de foi et d'espérance : mais enfin, Père, réponds, dis quelque chose. Tu ne peux pas rester muet quand je crie ! Si j'apostrophe Dieu, c'est que je crois qu'il existe et qu'il peut me sauver. Seuls, peut-être, ceux qui sont allés jusqu'au tréfonds de la souffrance et de la solitude humaines peuvent comprendre la profondeur de ce cri, mêlant le doute et la foi.

Et moi, qui me refuserai toujours à voir la souffrance comme une fatalité nécessaire, j'ai cru comprendre, aussi, qu'il ne peut faire l'économie du Vendredi saint, le chrétien qui veut connaître la joie du matin de Pâques. Car le mal, ce n'est pas Dieu qui l'a fait. Dieu nous a laissé un monde en gésine, Il l'a confié à l'homme. Et s'Il n'est pas responsable du mal, Il en a assumé la responsabilité indirecte (en tant que Créateur), puisqu'à travers son Fils Il l'a assumée jusqu'à en mourir.

Des « lamma sabacthani », j'en ai entendu beaucoup, de toutes sortes, proférés par les plus humbles aux plus importants des êtres, des plus courageux aux plus misérables.

Je pense à ces malades suppliant : on laisse ouverte la porte de leur chambre parce qu'ils ne veulent pas rester seuls avec la mort, tandis que les passants du couloir les relient encore à la vie. Je pense à ces agonisants, que les cauchemars réveillent en sursaut dès que l'épuisement les a ensommeillés quelques instants, ou bien qui, la main crispée sur la poire de la sonnette, mettent tout ce qu'il leur reste de forces à lutter contre le sommeil, dont ils sentent qu'ils ne se réveilleraient plus.

Je pense à ce prêtre, légitimement considéré par tous comme un « saint-prêtre », dont les sermons m'édifiaient beaucoup et qu'au moment de mourir submergeait l'angoisse qui le faisait hurler « maman! », ou que des gémissements de cauchemars tiraient de son sommeil.

Je pense enfin à cet homme d'État, athée, plusieurs fois ministre, largement honoré et décoré, et à la vie entièrement « accomplie », qui ne cessait de me répéter, en serrant ma main, au moment de mourir : « Surtout, ne me laissez pas seul! », « Dites-moi ce qu'il y a après la mort? »

J'ai traversé ainsi certaines épreuves, qui allaient jusqu'à la déréliction. J'ai vécu de ces périodes où je retourne dans ma bouche des dizaines de *Notre Père*, sans parvenir à trouver au mot de « Père » la moindre saveur.

Mon impuissance thérapeutique face à certaines maladies m'a longtemps donné mauvaise conscience. Je ne pouvais m'empêcher d'éprouver de la culpabilité devant ces malades que je ne pouvais guérir. Et le détestable de la culpabilité est sa stérilité, en ceci qu'elle incite à fuir ces hommes et ces femmes que, faute de guérir, on abandonnerait volontiers, les privant de l'essentiel, de ce qu'ils sont en droit d'attendre, à savoir la chaleur et le soutien indispensables d'une présence.

L'impuissance thérapeutique était d'ailleurs quasiment la règle des générations de médecins qui nous ont précédés et qui s'en accommodaient. Par force certes, mais mieux que nous, qui avons précisément les premiers cru à l'illusion d'un pouvoir illimité sur la maladie et la mort.

Or le médecin sait bien désormais que les découvertes scientifiques de plus en plus efficaces ne lui permettront jamais de guérir cette maladie fatale qui s'appelle la mort. Sans être renié, le savoir médical doit, par conséquent, être relativisé, car au-delà de ce savoir, les malades attendent l'expérience d'une sérénité vécue, perçue à travers chaque attitude du médecin. Et aucun médecin, me semble-t-il, n'est parfaitement « accompli » tant que sa pratique ne l'a pas amené à assumer cette épreuve décisive qui consiste à demeurer pleinement médecin et pleinement lui-même alors qu'il a perdu son pouvoir thérapeutique.

C'est un texte des Actes des apôtres qui m'a enfin délivré de cette culpabilité paralysante, face aux malades graves ou aux mourants. Ce texte, vous le connaissez : il raconte comment Pierre et Jean sont interpellés à la Porte d'or du temple de Jérusalem par un mendiant paralytique. Pour la première fois, les apôtres sont livrés à eux-mêmes, c'est-à-dire doivent faire face aux interpellations sans la présence toute-puissante et rassurante de Jésus. Que vont-ils répondre, eux qui n'ont rien, à ce mendiant ? « D'or et d'argent, nous n'en possédons point. Mais ce que j'ai, dit Pierre, au nom du Christ, je te le donne. Prends ton grabat et marche. » Et le paralytique se lève.

Lorsque je n'ai plus, moi-même, le pouvoir de guérir,

c'est-à-dire lorsque je suis aussi démuni que cette femme ou cet homme souffrants qui ne sont plus qu'attente, il me reste cette capacité, à la fois misérable et grandiose. Il me reste à moi, modeste médecin praticien, d'adopter, sans la dire avec des mots, l'attitude de Pierre : les moyens de vous guérir, je ne les ai pas, et vous ne pouvez m'en vouloir de ne pas les posséder. Mais ce que j'ai, c'est-à-dire ma chaleur, ma présence (ma foi, si vous voulez bien en partager l'essentiel), je vous les donne, avec l'assurance qu'elles ne vous feront pas défaut, autant de fois et de temps que vous en aurez besoin.

Face à la souffrance et à l'épreuve, certains malades se rétractent, se recroquevillent sur eux-mêmes, incapables d'avancer. Ou même se laissent aller au poison subtil du masochisme qui consiste à appuyer sans cesse (puis à longueur de vie) là où ça fait mal.

Beaucoup d'autres, heureusement, vont au-delà. Voici, parmi des milliers, deux témoignages de dépassement et de victoire sur le corps défaillant. Une jeune femme (qui avait omis de se faire vacciner) est brutalement et atrocement frappée par la poliomyélite, qui atteint très haut ses centres nerveux : tétraplégie (paralysie des quatre membres) et perte des mouvements respiratoires (c'est-à-dire incapacité à respirer sans l'aide constante d'un appareil). L'ampleur du handicap aurait découragé les plus obstinés. Josiane remporte une première victoire, et sur elle-même d'abord : elle survit, poursuit ses études supérieures et les conclut par une agrégation d'arabe.

Sa seconde victoire est tout aussi extraordinaire. En un temps où rien n'est fait pour l'insertion sociale des handicapés, elle décide de consacrer son énergie – elle qui n'en a plus que « dans sa tête » – à aider les handicapés. Et elle fonde – elle qui n'a plus de mobile que ses yeux et tout juste assez de souffle pour faire entendre sa parole – un groupement d'intellectuels handicapés physiques qui collecte de l'argent, acquiert des véhicules, des locaux, un secrétariat, afin d'aider les étudiants handicapés à poursuivre leurs études ou à trouver un emploi. « Quand atteindrons-nous, écrit-elle, le dépassement de cette peur qui donne à penser que handicap et bonheur sont nécessairement antinomiques. A celui qui ne trouve pas dans son berceau ce don de la vie qui s'appelle la santé, aucune recette ne le lui procurera, sinon celle du désir de vivre. Or cette soif d'être, chacun la porte en soi. Alors, au nom de quoi pourrions-nous renoncer à l'espérance ? »

Un de mes jeunes amis, aveugle-né, est le troisième enfant de sa famille à être ainsi handicapé. Au lieu de passer sa jeunesse en lamentations, il s'inscrit au lycée pour une scolarité normale et, en dactylographiant ses épreuves, passe avec succès son baccalauréat. Il entreprend des études universitaires que couronne un doctorat. Mais cela ne lui suffit pas et il se met, lui aussi, au service des handicapés au sein d'aide sociale de sa ville. S'occuper des handicapés, c'est aussi leur proposer un emploi : il y consacre son énergie. Ce chrétien, marié et père de famille, rayonne de l'Évangile de Jésus-Christ qui l'anime.

A côté de ceux-là qui, contre toute apparence, ne cessent d'espérer d'eux-mêmes et de Dieu, d'autres (hélas de plus en plus nombreux!) sont désespérés du non-sens de leur être et de leur vie. 12 000 morts par suicide chaque année en France (autant que dans les accidents de la route), 60 000 tentatives! Des jeunes pour la plupart. Les chrétiens sont-ils assez soucieux de montrer aux jeunes des visages d'espérance?

III

CHAIR DE DIEU MORTE

Face à la mort, le Christ, Fils de Dieu, n'a pas été particulièrement privilégié. Être trahi par l'un des siens devenu indicateur pour trente pièces d'argent; être humilié par le corps de garde, le front meurtri par une couronne d'épines, un bâton en guise de sceptre pour bafouer une royauté qu'on ne comprend pas, voilà un scénario qui sera rejoué mille fois dans mille corps de garde de l'histoire des hommes. Porter une croix qui vous écrase avant de vous tuer, des milliers d'humains l'ont fait, avant et après le Christ.

Mais l'agonie, par laquelle tout a commencé! Agonie de la solitude, près des amis qui dorment. Agonie de la peur de ne pouvoir endurer. Et plus terrible encore, l'agonie du doute. De l'angoisse, de la crainte que la fantastique puissance des ténèbres et de la mort ne soit la plus forte. Et si c'était vrai? Et si le désespoir, l'absurde, la mort, avaient le dernier mot? La violence des forces du mal et de la mort est la plus vertigineuse des interrogations. « Il priait pour que si possible cette heure passât loin de lui » (Marc 14/35).

Et le pire était encore à venir. La chair de Dieu, si divine et glorieuse fût-elle, voilà qu'elle aussi se trouvait assujettie à la mort. Et quelle mort! Il faut ici retourner au Golgotha. Jésus n'y est pas mort d'un cancer ou d'un infarctus du myocarde. Il y est mort à trente-trois ans, d'un supplice infamant et scandaleux, conséquence directe des passions hostiles suscitées par sa démarche messianique. « C'est parce que, étant homme, il s'est dit Fils de Dieu », comme le souligne l'apôtre Jean. Fondamentalement, ce qui fut refusé en Lui, sur la croix, c'est sa « messianité » [1].

La croix, c'est cela. Et non l'expiation de nos péchés par une victime qui se serait sacrifiée pour effacer le courroux de Dieu son Père envers les hommes. Il faut en finir avec cette interprétation sacrificielle sadomasochiste, qui empeste la névrose. Alors seulement on pourra parler de la *victoire de la croix*. Parce que cet homme seul, parvenu au bout de son témoignage, lâché par un traître, des lâches, des peureux, des scandalisés, des déçus en attente de bénéfices, a dépassé cette mort, a désarmé l'absurdité. Pâques ne sera plus alors seulement la commémoration du passage de la mer Rouge, mais également celle du passage de la mort à la vie. Le Christ a inversé le signe négatif du mal et de la mort.

Faut-il voir les prémices de ce *signe* dans les événements consécutifs? Les ténèbres qui avaient subitement recouvert la terre se sont-elles tout à coup dissipées? Le voile du Temple s'est-il vraiment déchiré en son milieu? Le centurion, officier de l'armée romaine, a-t-il dit exactement : « Cet homme était bien le Fils de Dieu »? Je ne sais. Mais ce qui est sûr, c'est que ce juste injustement sacrifié témoignait pour ces millions de justes à venir, qui apparaîtraient comme les perdants, les vaincus, les inférieurs, mais demeureraient, en termes d'humain comme de divin, plus grands et plus précieux que leurs bourreaux.

Face à la mort, le chrétien est-il mieux placé que le Christ? Il fonde sa foi sur quatre affirmations : le Christ est mort; Il est ressuscité; « Celui qui croit en moi, lui a dit le Christ, ne mourra pas, fût-il déjà mort »; « Si le Christ, a déclaré saint Paul à sa suite, n'est pas vraiment ressuscité, ma foi est vaine. » Ces affirmations sont assez péremptoires pour établir des convictions.

Il faut pourtant commencer par la réalité sensible, c'est-à-dire ce que voient les yeux et sentent les cœurs.

Les « premiers corps » du médecin sont des corps morts. Les études de médecine sont en effet ainsi conçues que le premier « contact » médical avec le corps est celui des

1. G. Martelet, *Libre réponse à un scandale*, Éd. du Cerf, 1987.

cadavres noircis par le formol que les étudiants dissèquent pour apprendre l'anatomie.

« Mes deuxièmes corps » furent ceux des infirmes, malades ou vieillards de l'hospice que nous présentaient nos maîtres pour l'enseignement de la sémiologie (étude des signes des maladies). C'était l'époque où l'absence quasi totale de médicaments laissait évoluer de nombreuses maladies « historiques » aujourd'hui disparues. L'époque aussi où ces malades d'hospices acceptaient – ou plutôt subissaient sans oser se plaindre – les dizaines d'étudiants de nos groupes, avides d'apprendre.

« Mes troisièmes corps » furent ceux des nécropsies que, jeunes externes, on nous envoyait faire comme une corvée clandestine et précipitée, c'est-à-dire nuitamment, afin de connaître les diagnostics qui n'avaient pu être faits *ante-mortem*, et avant que la famille « ne réclame le corps ». Seul, le nom griffonné sur un papier collé au sparadrap conservait un semblant d'identité à ces pauvres corps réfrigérés de la morgue. Les corps de ces malades que j'avais soignés, ou plutôt de ces êtres que j'avais aimés, veillés, côtoyés dans leurs joies et espoirs, et que je devais, dans des conditions matérielles épouvantables, nécropsier dans la nuit glacée. Remarquons que « nécropsie » se dit aussi « autopsie » : « regard sur soi-même ».

Une bonne partie de ma jeunesse s'est donc déroulée « au large de la mort ». Comme d'autres sont marins ou forestiers, mon environnement à moi, ce fut la mort. Et il m'a fallu attendre « mes quatrièmes corps » pour rencontrer des êtres humains, souffrant certes, mais vivant et dialoguant. Cette initiation singulière au métier de médecin vous imprègne précocement et définitivement de deux sentiments complémentaires : celui de l'*éphémère*, d'abord. Ce corps de jeune mâle, dont on palpait les muscles fermes sous la pulpe des doigts, il est arrivé à l'hôpital absolument intact, seulement affecté d'une fièvre mystérieuse. « Hâtez-vous de me guérir », « Quand vais-je repartir ? » Et en quelques jours, le voilà altéré, décharné, défiguré, mourant d'une maladie que la médecine ne guérit pas encore.

Second sentiment, celui du *dérisoire*, qui procède du

précédent. Celui de la « vanité », comme le dit l'Ecclésiaste – « vanité des vanités, tout est vanité » –, qui a été si souvent mal compris. Car il ne dit pas qu'il faut, par conscience d'une « vanité » de tout, ne rien faire, mais savoir situer son action dans l'échelle des importances, et admettre l'alternance, tout au long d'une existence, du merveilleux et du dérisoire, qui justifie à la fois notre attachement et notre détachement de tout.

Car la mort – le médecin le sait mieux que quiconque – commence très tôt, par ces innombrables petites morts insupportables que nous inflige la vie quotidienne. « Quand je pense, docteur, qu'il y a deux ans à peine, j'étais capable de... », « Moi qui n'avais jamais été malade... », « Mais enfin, comment cela a-t-il pu m'arriver ? »

Nous avons si peur de la mort que nos yeux aveugles refusent de reconnaître ces petites morts annonciatrices. Comment, sinon, s'interroger ainsi sur des évidences aussi naturelles de la condition humaine ?

Il est vrai, qu'à 15 ans on est infatigable, qu'à 20 ans on séduit, qu'à 25 ans on a une mémoire fantastique, qu'à 30 ans on dort comme un loir. Mais qui n'a jamais envisagé que cette jeunesse se perdrait ? Que le vieillissement viendrait ? Que notre essence nous vouait à la maladie et à la mort ? C'est-à-dire à perdre de l'énergie, des facultés, de la santé ?

Mon propos n'est pas de disserter ici sur la mort, *nécessité biologique* inéluctable pour l'être sexué, puisqu'il ne peut se reproduire lui-même (au contraire d'une cellule asexuée qui pourrait théoriquement vivre éternellement). L'homme est donc soumis au vieillissement et au déclin (est-ce pour cette raison que l'orgasme est dénommé « petite mort » ?). Tous les êtres sexués, c'est-à-dire « qui disposent du pouvoir inouï de faire " un " à partir de deux, de donner existence à de l'imprévisible, de créer, ont le privilège d'être uniques ; mais au prix de l'obligation d'un jour disparaître » (A. Jacquard).

Mais cette nécessité biologique reste un scandale perpétuel pour l'être humain. Alors que tous les êtres dits sexués partagent ce pouvoir biologique et en paient le prix en terme de mort, l'homme seul en est conscient et ne saurait accepter, sans une naturelle révolte, la dissolution de son moi. « Comment admettre que le non-être d'après ma mort sera identique au non-être d'avant ma conception ? ».

Que représente donc la mort pour le médecin qui consacre sa vie à s'opposer à elle à travers la maladie et le vieillissement ? Comment le Christ s'inscrit-il dans cette chair vaincue ? Où est le divin dans la mort ? Telles sont les questions auxquelles j'ai été amené à répondre en tant qu'homme de science et de foi.

Si déformé et enlaidi soit-il par la maladie ou la douleur d'une agonie, le corps mort conserve une beauté : celle de sa dignité humaine. La vie l'a abandonné, mais les traces du divin sont encore là : ils sont beaux, ces morts, saisis au plein d'une vie accomplie, ou au terme d'une vieillesse réussie et sereine.

Ce qui est plus difficilement supportable, c'est le corps déformé, mutilé, ou tué par l'homme, dans la violence ou la guerre. Défilent, sans aucun effort hélas, devant nos yeux ces scènes de charnier, de tueries, de lynchages. Ces corps tués et jetés ostensiblement à terre de la carlingue d'un avion par des pirates de l'air, pour mieux souligner combien ils les méprisent.

Plus qu'un autre, peut-être, le médecin éprouve, dans sa chair, cette offense au corps. Lui qui consacre toute l'énergie de sa vie à épanouir des corps, à lutter contre la maladie, à se battre pour la vie, il est affligé par la mort voulue ou donnée. Y compris dans la « peine de mort ». J'y suis hostile, ne serait-ce qu'en raison du commandement de Dieu qui est formel : « Tu ne tueras point. » Cela ne signifie pas, évidemment, oublier la recommandation d'Alphonse Allais (« Que messieurs les assassins commencent »), mais ce n'est pas parce que la mort a été donnée qu'il faut la rendre.

Mais l'horreur ultime réside dans le corps outragé. L'une des photos les plus terribles que je connaisse montre un enfant en train d'uriner sur un cadavre. C'est une scène de guerre au Viêt-Nam : le corps d'un adolescent (collabo ou maquisard, peu importe son camp) gît au sol, marqué des violences qui l'ont tué. Des adultes ricaneurs forment cercle autour de cette dépouille honnie et misérable. Pour ne pas être en reste, et avec cette jubilation qu'éprouvent les enfants à se rendre intéressants vis-à-vis des adultes, un enfant, ventre bombé en avant donnant une connotation sexuelle à son geste, a ouvert sa braguette et pisse sur le cadavre. Corps, œuvre de Dieu, merveille de sa création, est-il possible de te profaner ainsi ? Tout se passe comme si c'était la scène indéfiniment répétée de la Passion du Christ : ce sont les mêmes crachats sur son visage et les mêmes clous dans ses membres. Le même corps bafoué dans son image divine.

La mort m'est longtemps demeuré une sorte d'abstraction qui ne me concernait pas. La mort, c'était celle des autres, car comme tous les jeunes, je me sentais immortel. Il a évidemment fallu la disparition d'un proche douloureusement vécue, pour que ce mot de *mort* prenne un sens (et m'interpelle donc violemment sur le sujet de la résurrection).

Car la mort confronte le médecin à une double épreuve : celle de sa propre destinée (qu'il n'a que trop tendance à occulter !), celle de l'agression du mourant. Le mourant agresse le médecin du seul fait de l'imminence de sa mort. Et parce qu'il lui met sous les yeux ou lui jette à la figure (de façon muette ou verbale) son échec (le « non-dit » équivaut au « dit » : « Vous n'êtes pas fichu de me guérir »), sa souffrance, son désespoir, sa famille (qui va s'en occuper ?), sa cachexie, sa puanteur, etc.

Puisqu'il n'y a personne à qui reprocher la maladie et la mort, le médecin est facilement choisi pour jouer ce rôle, et il ne faut pas oublier que, dans l'Antiquité, quand arrivait le messager porteur d'une mauvaise nouvelle, on le trucidait.

Dans le même temps où il agresse, le mourant « séduit » (« Voyez comme je souffre, comme je suis malheureux, moi qui vais mourir »). Cette dualité d'attitudes, agression-séduction, ne cesse pas d'être problématique pour la jeune génération de médecins, mieux formée aux formules chimiques qu'à la connaissance des auteurs anciens ou de la tradition judéochrétienne. Et voilà ces jeunes confrères souvent désarçonnés, déboussolés, paralysés, voire déprimés par des comportements non prévus dans l'enseignement de physico-chimie ou de statistique.

Adopter face au mourant une attitude juste et vraie est donc l'une des difficultés que rencontre le médecin. Il doit se défier de la nécrophobie qui consiste à détourner les yeux et à fuir, c'est-à-dire à ne plus ouvrir la porte de la chambre fatale. Et se défier aussi d'une inconsciente fascination pour la mort (« Puisque c'est lui qui meurt, moi, je reste en vie »), que j'ai ressentie en écoutant le Pr Schwartzenberg décrire minutieusement sa façon de contribuer à la fin de certains de ses malades condamnés (ce qui n'ôte rien à ses immenses mérites d'avoir mené la lutte contre certains tabous).

Être incapable de supporter l'échec thérapeutique peut conduire le médecin à l'acharnement thérapeutique et ses détestables excès, ou à fuir le mourant lorsqu'« il n'y a plus rien à faire ». Cela peut conduire aussi ce médecin à préférer voir disparaître rapidement l'être qu'il n'a pu ou su guérir, c'est-à-dire à former des pensées plus ou moins conscientes d'euthanasie.

Le corps souffrant, même très altéré, est tout aussi sacré que le corps glorieux, parce qu'il est chair de Dieu, et nul ne peut disposer de sa vie. A partir de là, ce mot d'*euthanasie* est l'occasion de nombreux malentendus, pourvoyeurs de superbes débats philosophiques et moraux sur le type même du faux problème.

Selon un sondage SOFRES, 76 % des Français seraient favorables à une modification du code pénal supprimant les poursuites contre ceux qui « aident » certains malades à mourir. Faut-il se fier à de tels sondages pratiqués auprès de bien-portants et non de mourants ? Et qui peut dire comment réagiraient ces bien-portants devant leur propre mort ? Pour beaucoup de gens, aider un malade à mourir signifie mettre un « terme » à une souffrance intolérable, mais n'équivaut pas nécessairement à une euthanasie, dont les frontières sont bien difficiles à établir : où s'arrête l'euthanasie passive et où commence l'euthanasie active qui consiste à administrer la mort ?

Même si on les y autorisait légalement, la plupart des médecins ne sont de toute façon pas disposés à être les exécutants, c'est-à-dire à donner la mort.

Le débat sur l'euthanasie permet en réalité d'esquiver et d'occulter le *vrai*, c'est-à-dire le droit à mourir dans la dignité, accompagné des siens et d'une équipe médicale. Passons rapidement sur l'euthanasie « passive », qui consiste seulement à ne pas s'acharner à soigner, lorsqu'il n'existe plus aucune chance de survie. « Quelle monstrueuse impiété, disait J. Delteil, de laisser agoniser dans d'horribles souffrances, en vain et sans espoir, un grand malade condamné à mort ! » Cette forme d'euthanasie a ses limites, le médecin les connaît et se pose rarement des problèmes de conscience à son sujet. J'en rapprocherai la démarche qui consiste à rendre moins pénible les derniers instants de la vie.

Bien différente est l'euthanasie active, qui donne à un malade la mort à laquelle il est certes promis, mais dont il n'est pas immédiatement menacé. Il ne s'agit pas, ici, de *condamner*, mais de se demander, une fois de plus, de quel côté on se situe. Par rapport à son *désir* de médecin, tout d'abord : est-ce la souffrance de mon frère malade que je veux supprimer, ou la tension insupportable que me cause sa mort lente ? Par rapport au *désir du malade* ensuite : quels sont exactement *sa* demande et *son* besoin ? N'ai-je vraiment plus rien d'autre à lui proposer que sa mort ?

Ces questions font surgir ici les deux vrais problèmes que pose le mourant au médecin, autrement plus difficiles à résoudre et à supporter que l'euthanasie, car nécessitant plus d'implication personnelle qu'une éventuelle euthanasie, qui exige peu de temps et d'énergie.

Si le devoir du médecin est de s'opposer tant qu'il le peut à la mort, celle-ci reste le destin normal de l'humain, et s'acharner contre elle, lorsqu'en est venu le temps, en particulier chez le sujet âgé, est non seulement un contresens au succès d'une vie, mais une violation du sens profond de la vie.

Je rappelle ici le poème de Rainer-Maria Rilke dans son *Livre des heures* :

« Seigneur, donne à chacun sa propre mort,

Qui soit vraiment issue de cette vie,
Où il trouva l'amour, un sens et sa détresse.
Car nous ne sommes que la feuille et que l'écorce.
La grande mort que chacun porte en soi,
Elle est le fruit autour duquel tout change... »

Et il faut se souvenir aussi de ses considérations importantes sur la mort dans les hôpitaux, « en série, bien entendu. » Car « le désir d'avoir sa mort à soi devient de plus en plus rare. Quelque temps encore, et il deviendra aussi rare qu'une vie personnelle ». Chez nous, au contraire, on savait « que l'on contenait sa mort comme le fruit son noyau. » Et on « l'avait bien, sa mort, et cette conscience vous donnait une dignité singulière, une silencieuse fierté ».

L'association « Mourir dans la dignité » est certes très louable mais son intitulé retient trop le mot *mourir* et pas assez le temps qui précède, qui est pourtant essentiel.

Définir où commence et où finit la dignité d'un être humain, vis-à-vis de la maladie et de la mort, n'est certes pas facile. Est indigne ce qui ne respecte pas ce sens, c'est-à-dire toute démarche qui considère la mort comme un échec inadmissible. Mon propos ne condamne évidemment en aucune façon la réanimation. Elle a ses indiscutables opportunités et c'est parce qu'elle a été mise en œuvre, par le passé, dans des conditions qu'on jugerait aujourd'hui excessives que des survies confortables sont actuellement possibles. Mais l'alternative entre acharnement thérapeutique et euthanasie est un faux débat, source d'équivoques.

Il faut simplement affirmer le droit de l'homme à *vivre sa mort*, en particulier quand l'âge en est venu. Je veux dire que ce temps essentiel de l'être (qui devrait couronner sa vie) ne doit pas lui être *volé*, ni dénaturé (par des gestes thérapeutiques intempestifs), quand on ne l'abandonne pas tout bonnement à lui-même sous le prétexte qu'il n'y aurait « plus rien à faire ». Rien ne me désole autant que d'entendre cette parole. Il m'arrive de recevoir, de la part de spécialistes éminents, de superbes comptes rendus de plusieurs pages à propos de tel ou tel malade. Ce compte rendu mentionne des résultats d'examens, des plus sophistiqués (scanner, résonance magnétique nucléaire, recherches génétiques, histo-chimiques, biologie moléculaire, etc.), et qui se terminent sans conclusion thérapeutique. Je veux dire pas la moindre piste, la moindre suggestion de traitement, même mineur, susceptible de laisser un espoir à ce malade. Pas le moindre propos qui ouvre sur une autre perspective que : « il n'y a rien à faire ».

Quand tel malade est venu me consulter, il me demandait de le guérir. Notre contrat prévoyait que je fasse pour cela le maximum. Je ne suis pas parvenu à le guérir. Et alors ? Même si cela ne figurait pas au programme, il était inclus dans notre contrat tacite que mon rôle de médecin ne s'arrêterait pas au constat d'échec thérapeutique. Jusqu'au bout, ce malade aura droit à mon aide. Il y a donc toujours « quelque chose à faire » pour un malade promis à une mort prochaine. Ne serait-ce qu'en lui administrant les meilleurs antalgiques s'il souffre, car il est indigne de laisser souffrir alors que nous avons désormais les moyens de vaincre la souffrance (que de malades, pourtant, laisse-t-on souffrir !). Ne serait-ce qu'en veillant à son confort. En l'aidant à manger ou boire quelques gorgées (tant que la déglutition est possible sans danger). En le baignant, si l'on s'est préoccupé d'un chariot pour atteindre la baignoire. Il faut avoir vu le bonheur d'un grabataire rivé à son lit depuis des semaines lorsqu'il peut enfin s'immerger ! On peut encore aider le mourant, ne serait-ce qu'en répondant, si c'est « le moment », à la question : « Est-ce que je vais mourir ? » Celui qui a maîtrisé sa propre angoisse de mort répondra : « Oui ; et je vais vous y aider. » Celui qui est terrorisé esquivera la réponse de vérité par des dénégations du genre : « Mais non, voyons, qu'allez-vous chercher là ? »

« Faire quelque chose » pour un malade, c'est aussi être soi-même, à ses côtés. C'est encore réduire de quelques heures une agonie qui n'a plus de sens, « quand tout est accompli ».

« On est toujours seul », disent certains à propos de la mort, pour la bonne raison qu'on est toujours seul à mourir. Si la mort est effectivement notre inéluctable destin, et affaire éminemment individuelle, son approche diffère selon que le mourant est « accompagné » ou non. Accompagner les mourants, cela signifie, lorsque tout a été médicalement accompli, demeurer auprès d'eux, pour leur tenir la main jusqu'au bout. Accompagner les mourants, cela signifie aussi leur parler, même si toutes les apparences donnent à penser qu'ils n'entendent ou ne comprennent plus.

Beaucoup ont fait sans doute, comme moi, l'expérience de dire à des mourants, apparemment inertes ou comateux : « Montrez-moi par un signe (battement des paupières ou pression des doigts) que vous entendez ce que je vous dis. » Et voilà que cette personne, qui semblait entièrement habitée par son agonie, exécute le signe de compréhension demandé. « Voulez-vous que nous priions ensemble ? » Et cette agonisante joint ses mains pour la prière. Chacun doit donc s'habituer, lorsqu'il est amené à « accompagner » un mourant, à demeurer auprès de lui, à lui parler affectueusement (même s'il a l'impression de soliloquer) et à lui répéter : « Je suis là avec vous, je ne vous laisserai pas seul, je ne vous abandonnerai pas. » Et doit s'habituer, a fortiori, à taire les considérations déplacées souvent formulées au chevet du mourant considéré comme « déjà mort ».

Accompagner les mourants signifie enfin les toucher. Lors même que les paroles sont devenues impossibles, reste le contact, d'humain à humain, dernier don possible en témoignage de présence. Et, là aussi, on peut voir cette main qui errait sur les draps dans une recherche sans objet s'immobiliser, apaisée, dans la paume de la main qui lui est tendue.

Il faut souligner ici combien, sur ce sujet essentiel de l'accompagnement des mourants, nous sommes encore, tous, lamentablement, regrettablement, inexcusablement minables et attardés. Ou plutôt viscéralement égoïstes, plus préoccupés par nos petits bobos que par la souffrance des autres. Être confronté à la mort (d'autrui ou de nous-mêmes) sera toujours une épreuve difficile. Mais lorsque j'entends, dans des réunions d'instances dirigeantes d'hôpitaux, des discussions de plusieurs heures pour savoir si on va recruter des peintres, des lavandiers, des cuisiniers ou des jardiniers, je crois rêver!

Comment? Des personnes meurent quotidiennement dans les hôpitaux et cliniques (malgré des soins, certes, désormais excellents dans notre pays), mais bien souvent, hélas, sans «accompagnement». Et on en est encore à donner la priorité à l'intendance? Ce mot n'est en rien péjoratif à mes yeux, tous les emplois se valent en noblesse et je ne nie pas la nécessité du bon fonctionnement d'un hôpital ou d'une clinique. Mais il y a pour cela des sociétés dont c'est la vocation. Alors que la plupart des hôpitaux manquent largement de personnel soignant – infirmières et médecins –, sont dépourvus de psychologues qui pourraient entourer les derniers moments de la vie, ce qui est *aussi* la mission du soignant... Cet état d'esprit n'est qu'un exemple, mais il montre bien l'effrayant décalage qui existe entre nos mentalités et la réalité. La *structure*-hôpital préoccupe largement plus que la *fonction*-hôpital!

Un autre exemple? Les soins palliatifs. Deux unités en France à ce jour (hôpital de la Cité universitaire de Paris et Unité de la Croix-Saint-Simon), 20 lits pour un pays de 50 millions d'habitants! Quelle misère!

Ce qualificatif de soins «palliatifs» me paraît impliquer une sorte de «faute de mieux». Or c'est bien de soins qu'il s'agit, car le médecin, s'il a l'obligation des *moyens*, n'a pas celle du *résultat*, et doit continuer sa mission, qui est de soigner, y compris lorsque la guérison n'est plus possible; nous avons donc dénommé le secteur ouvert dans notre service «unité de soins continus».

La famille traditionnelle est souvent éclatée. Les personnes âgées en sont rejetées et leur solitude, face à la mort surtout, est effrayante, indigne, insupportable. Les maisons de retraite les plus luxueuses demeurent des mouroirs si cette dimension de solitude n'est pas prise en compte. Il est donc urgent de constituer des équipes qui aident et suppléent les familles défaillantes.

Si la formule « équipe soignante » devient réalité, c'est bien dans l'accompagnement des mourants. Le médecin, qui n'envisage trop souvent les soins qu'en termes de guérison, a plutôt tendance à ne plus entrer dans la chambre de l'incurable. En revanche, la disponibilité vis-à-vis des mourants du personnel infirmier et aide soignant (lorsqu'il en a le temps) est tout à fait merveilleuse. Autant que son aptitude à reconstruire autour d'eux une sorte de « famille sociale ». Cette famille (c'est-à-dire le groupe soignant, médical et non médical) se réunit régulièrement pour s'instruire mutuellement et se soutenir. Et voilà que ceux qui ont donné reçoivent à leur tour. Car dans ces réunions, où chacun explique ce qu'il a vécu et ce qu'il a fait, il n'y a plus de grade, de hiérarchie ni de fonction. Face à la mort, tout le monde est à égalité !

Et voilà que les plus humbles apportent les témoignages les plus importants parce qu'ils (elles) parlent sans calcul, avec leurs émotions, leur cœur et leurs tripes. Et voilà que leur générosité les a fait grandir dans l'humain ! Voici également des problèmes nouveaux. Car la fatigue, l'agressivité du mourant ou de son entourage vont se répercuter en tensions et agressivités au sein de l'équipe soignante, dont l'unité et la stabilité sont menacées. Ténacité et franchise seront nécessaires pour les surmonter.

Si certaines familles sont défaillantes, ce n'est heureusement pas la règle, et beaucoup d'autres se resserrent autour du mourant. Après s'être préoccupé de lui, il faut donc penser à son entourage. Imaginez, si vous ne l'avez vous-même vécu, ce que représentent des jours, des semaines, des mois passés au chevet d'un malade dans une chambre d'hôpital ou de clinique. Il ne devrait donc pas être facultatif mais obligatoire que soient proposés à l'entourage des malades hospitalisés des *lieux de vie* où ils puissent se retirer, trouver du repos, s'alimenter, boire un café ou regarder la télévision. Et comme l'indique leur nom, ces lieux de vie créent de la vie, permettent aux accompagnants de « tenir » jusqu'au bout de l'épreuve, et donc aux mourants de vivre pleinement ce qu'il leur est donné. Ils évitent aussi de transformer ces unités de soins continus en ghettos, mouroirs, ou quartiers des condamnés.

Ayant évoqué à propos de la maladie la balance des forces de vie et des forces de mort, je veux souligner ici *la balance de l'amour opposé à la déréliction.* Toute la quantité d'*atroce* que peuvent contenir la souffrance et la mort trouve son exact *contrepoids* dans la masse d'*amour* qu'elles suscitent. C'est aussi là que se trouve la grande leçon du Christ.

Moi qui en suis un observateur « professionnel », je peux témoigner de cette colossale, fantastique, inépuisable réponse d'amour à l'agression du malheur. Celle de ces épouses ou époux, de ces pères ou mères, de tous ces enfants, qui n'ont rien d'autre à opposer au dénuement de la mort que leur silence. Mais leurs regards, leurs attitudes, leurs gestes de tendresse, leur dignité ! Quelle éloquence, quelle grandeur ! Dieu qu'elle est belle et pure, et noble, cette montée d'amour dont un être est capable devant le malheur ! Sa beauté ne cesse de me stupéfier ! De m'étonner aussi : que nous, les humains, facilement médiocres, nous soyons capables d'autant d'amour ! Il y a de quoi s'émerveiller.

Que de fois les poings humains ne se serrent-ils pas — violemment brandis, ou dans les poches silencieuses — contre les atrocités, injustices et barbaries dont est prodigue notre histoire ! Mais si toutes ces horreurs sont les parties visibles de l'« humanitude », et même si la « comptabilité » est difficile dans ce domaine, je suis sûr que le poids du juste pèsera toujours plus lourd que celui du mal.

« Ce qui s'opère sur cette colline du Golgotha, dans la sueur d'angoisse d'un Dieu immergé et comme noyé dans une création contaminée, c'est véritablement le salut du monde, remarque Michel del Castillo. Dans cette ultime et nouvelle alliance, la Promesse s'accomplit : *le Mal se trouve non pas aboli mais transcendé.* Il change brutalement de signe : il disait le désespoir et il se voit contraint de crier l'espérance. [1] »

C'est exactement ce changement de signe qui s'opère

1. Michel del Castillo, *la Halte et le chemin*, Le Centurion Panorama aujourd'hui, 1985.

sous mes yeux de médecin. Cet enfant, cette épouse, ce père ne sont pas morts, comme le Christ, de la haine qu'ils ont suscitée. Ils n'avaient rien à expier. Mais c'est la même victoire qu'à la suite du Christ ils remportent. Lorsque j'observe la dignité d'un fils plus grande que le chagrin du deuil de sa mère. Quand je vois le refus d'une épouse de céder à la défaite de la mort de l'époux. Quand la tendresse, la liberté, la beauté du cœur sont assez fortes pour dynamiter la désespérance, alors il me semble que s'inverse le signe négatif. Ces « présences » humaines sont toujours le signe de la présence du Christ et de l'action invisible et mystérieuse de l'Esprit.

IV

CHAIR DE DIEU RENDUE À LA VIE

Harcelés par la vision de corps souffrants ou morts, comment mes yeux ne se tourneraient-ils pas, en une interrogation ardente, passionnée et continue, du côté du tombeau du Christ, au matin de Pâques?

Comment ce mot de résurrection ne serait-il pas essentiel à celui qui a passé une grande partie de sa vie « au large de la mort »?

En anatomiste, je n'avais jamais envisagé que la résurrection des morts ne fût pas la résurrection des corps. Et de nombreuses générations de chrétiens la voyaient ainsi. Euthychius, patriarche de Constantinople, avait été considéré comme hérétique parce qu'il soutenait que la résurrection de la chair se ferait « sous une forme subtile », dans une « chair d'air ». Saint Grégoire riposta que nous ressusciterions en chair et en os, aussi corporels que le corps du Christ aux yeux de saint Thomas. Ne disons-nous pas d'ailleurs dans le Credo : « Je crois à la résurrection de la chair »?

« C'est une des perspectives les plus passionnantes de la foi catholique, écrivait J. Delteil, que cet empire du corps, quasi incorruptible et éternel. Les exquises philosophies, les perlimpinpantes idées, sans doute. N'empêche que tout ici-bas, tout est assomption de chair. »

Dans l'Évangile pourtant, rien n'étaye la compréhension d'une Résurrection charnelle. Une réincarnation, en quelque sorte. Car le Christ lui-même n'a pas répondu à ceux qui le questionnaient sur les formes de la Résurrection.

Sur sa propre Résurrection, cet événement essentiel dont tout découle puisqu'il fonde notre foi chrétienne et notre espérance de résurrection, nous ne disposons que de témoignages et, qui plus est, indirects. Personne ne l'a vu. C'est grave pour nous qui appartenons à une civilisation du « montré ».

Et, inversement, pour ceux qui acceptent de croire sans avoir vu, les mentalités modernes adhèrent difficilement à une forme de résurrection qui rendrait aux mourants leurs corps pimpants d'adolescents aux joues roses. Sans compter les plaisanteries habituelles sur les modalités de résurrection des amputés, décapités, incinérés, etc. Commençons par les témoignages a posteriori.

Le premier témoignage, en *positif*, est celui (comme c'est souvent le cas lorsqu'il s'agit de confiance) de *femmes*. Elles sont trois qui, de grand matin, le sabbat terminé, s'empressent vers le sépulcre pour embaumer le corps de Jésus, ce qu'elles n'ont pas eu le temps de faire avant. Mais elles pensent tout à coup en chemin (Marc 16/1-8) qu'elles ont oublié un détail essentiel : « Qui nous roulera la pierre fermant le tombeau? » Arrivées sur les lieux, pourtant, elles découvrent la pierre déjà roulée. Et, à l'intérieur, un jeune homme vêtu de blanc qui leur annonce : « Il n'est pas ici, il est ressuscité. » Tremblantes d'émotion et de peur, elles sortent du tombeau et s'enfuient.

A ce témoignage « du tombeau vide » s'ajoutent, tout aussi essentielles, les *manifestations pascales* du *Christ ressuscité*. En d'autres termes, le croyant s'attache plus au ressuscité (une personne) qu'à sa résurrection (une abstraction). Voici le témoignage, en *négatif*, de Thomas. Son prénom (Jumeau, mais aussi jumeau du Christ, parce qu'il mimait son comportement et ses attitudes) évoque sa foi. Il n'était pas avec les apôtres quand Jésus leur est apparu après la Résurrection, et n'a pas voulu croire ses amis : « Si je ne mets pas mes doigts dans les trous de ses mains et si je ne mets pas mes mains dans les plaies de son côté, je ne croirai pas. » Et voilà l'étiquette d'*incrédule* qui lui restera pour l'éternité, alors que devrait lui rester plutôt l'étiquette de *catéchiste*. Car son attitude, en présence du Christ, nous le rend merveilleusement attachant.

Il ne pouvait pas ne pas le reconnaître, lui dont il a partagé la vie quotidienne pendant trois ans au moins. Que lui faut-il de plus que ses yeux pour voir le Christ devant lui ? Mais en regardant de plus près, on comprend son incertitude : il se demande s'il n'est pas victime d'une mystification, s'il n'aurait pas devant lui un fantôme du Christ qui aurait échappé à la Passion. La question de Thomas est très claire : il veut être sûr que le Christ qu'il voit là est bien le Crucifié. Il veut voir le *Christ ressuscité*.

Le tableau du Caravage peint dans les années 1600 et intitulé *l'Incrédulité de saint Thomas* représente le Christ qui, sous le regard curieux de deux apôtres, écarte les pans de sa tunique et guide la main de Thomas pour qu'il introduise son index sous le bourrelet de peau cicatriciel de sa plaie du sein droit. Cette scène a semblé irrespectueuse et outrée aux yeux des dévots qui avaient l'habitude de voir les apôtres représentés comme des personnages solennels, et voilà des trimardeurs, au visage buriné, trois hommes anxieusement penchés pour constater.

Attitude d'incrédulité totale ! Thomas veut s'assurer des yeux et surtout des doigts de la « pièce à conviction ». Car l'enjeu est essentiel. Les apôtres, comme les juifs sympathisants, croyaient d'autant plus difficilement en la résurrection du Christ qu'ils ne pouvaient admettre que Lui, Fils de Dieu, était mort crucifié. S'il a été crucifié, c'est qu'il n'était pas Fils de Dieu. Ils redoutaient donc une sorte de substitution, un subterfuge destiné à leur faire accroire que... Et cela exclut l'éventualité d'un « coup monté », car si le tombeau avait été vide parce que des fidèles seraient allés déplacer le corps, on comprend mal ces incrédulités ultérieures. Davantage que des preuves, les cicatrices affirment la continuité avec le passé. Si c'est bien le Christ cicatriciel qui est là, devant eux, c'est qu'il a souffert, qu'il est mort et qu'il est vraiment ressuscité.

Et voilà qu'après un comportement peu reluisant – voir avant de croire – Thomas a une réaction merveilleuse lorsqu'il s'écrie : « Mon Seigneur et mon Dieu. » Il voit un homme et il croit en Dieu. Le Christ est Dieu et Dieu est le Messie.

Plus belle encore est la réponse du Christ : « Heureux ceux qui croiront sans avoir vu. » Voilà l'essentiel du mystère chrétien. La difficulté de croire, le point crucial, c'est bien la foi au Ressuscité, c'est-à-dire la mort vaincue.

Après l'histoire de Thomas, nous voilà cependant prévenus : la foi ne passera jamais par les *yeux*. La vision, ce sens si essentiel aux humains qu'ils ont pour principe de ne croire que ce qu'ils voient, n'est pas la voie de la foi. « Les Évangiles de la Résurrection sont ambigus et peu cohérents ; les apparitions sont clairsemées et réservées aux amis ou à ceux qui étaient près de le devenir, par exemple Paul de Tarse. [...] L'instant de la Résurrection a échappé à toute observation directe [1] ». On ne peut qu'être d'accord avec H. Fesquet. Faut-il l'être encore lorsqu'il écrit : « Le tombeau vide est un coup de pouce apologétique » ?

On retrouve ici la difficulté relative à l'Incarnation. Pour les contemporains du Christ, sa résurrection impliquait évidemment que le tombeau fût réellement *vide*. On n'aurait pu annoncer l'événement alors que sa dépouille était dans le sépulcre. Mais cette nécessité ne contredit pas nécessairement la *vacuité* de ce tombeau.

La passion du Christ achevée, restent les cicatrices indélébiles. Thomas nous rappelle pour toujours ce que nous n'avons que trop tendance à oublier : la Passion du Christ se pérennise (hélas !) à travers les plaies et tortures de tous les temps : « J'ai eu faim et vous m'avez donné à manger, j'ai eu soif..., j'étais un étranger..., j'étais nu..., j'étais malade..., j'étais prisonnier... » (Matthieu 25/35-46).

Convaincus d'une Résurrection mais niant sa « forme physique » parce que se défiant de tout « prodige », des chrétiens en sont arrivés, après Vatican II, à considérer de plus en plus la mort comme un terme. Lorsqu'on leur demande quelle est, dès lors, leur conception de la Résurrection, leur réponse la limite parfois au témoignage que laisse après sa mort celui dont la vie a été marquée par le signe de la foi, ou dont l'œuvre est perpétuée.

Avec nos représentations naturellement « physiques » de l'aventure humaine, nous nous interrogeons : si elle n'est pas physique, corporelle, en quoi peut bien consister la Résurrection dont saint Paul nous dit pourtant qu'elle

---

1. H. Fesquet, *Expecto*, Actes Sud, 1988.

est au cœur de la foi chrétienne, puisque, « si le Christ n'est pas vraiment ressuscité, affirme-t-il, ma foi est vaine » ?

Si la Résurrection n'est pas l'évolution grandiose qui glorifie et en un sens (par le face à face avec son Créateur) divinise l'être humain, alors la foi chrétienne est (au choix) une philosophie, une éthique, une croyance, une morale, une sagesse, tout ce que vous voudrez, mais elle ne m'intéresse pas, et je comprends, oui, alors, qu'elle ne passionne pas les jeunes de notre temps. Et le Christ lui-même, s'il n'est pas ressuscité, était un maître de sagesse, un pacifiste, un prophète, un gourou, un fondateur de secte, mais pas le Fils de Dieu.

Et le croyant se retrouverait dans la même disposition que celui qui exclut la perspective chrétienne d'une éternité car l'*Homo sapiens* s'est doté, à un rythme accéléré, de capacités étonnantes, mais ses espoirs illimités butent contre le désespoir de son éphémérité, de son retour au néant. Absurdité du paradoxe : l'homme qui s'approprie l'univers et qui est voué au provisoire !

Cet inacceptable, l'incroyant peut en trouver justification dans le collectif. « L'individu n'est qu'une pierre, l'humanité est la cathédrale [1] » : l'essentiel de chacun, c'est ce qu'il transmettra aux autres. Mais cette vision est tout aussi insatisfaisante : nous savons que notre terre redeviendra un astre mort ; l'absurdité collective n'est donc pas moindre que l'absurdité individuelle.

Je ne peux accepter, pour ma part, que l'élément central de ma foi n'ait pas une consistance majeure, ou soit réduit à une sorte de rituel, pratiqué il y a peu de temps encore, dans nos églises de campagne et dénommé la « rémembrance ». Qui consistait, vous vous en souvenez, à lire durant la messe dominicale une partie des noms des fidèles défunts, rappelant que la mémoire de ceux qui avaient vécu dans la fidélité à notre Sainte Mère l'Église perdurait dans les générations futures. Mais le défaut de la rémembrance, c'est qu'afin de ne pas trop allonger la liste des nommés on en excluait régulièrement les noms les plus anciens pour en inclure de nouveaux, reléguant dans

_____
1. A. Jacquard, *Inventer l'homme*, Éd. Complexe, 1987.

la nuit de l'oubli des millions d'obscurs et d'inconnus. Et la Résurrection alors, qu'est-elle pour eux ?

Beaucoup de chrétiens, je le sais, ne se posent pas la question du comment, ou du moins ne s'en inquiètent pas. Saint Paul l'a pourtant clairement explicitée (I Cor. 15/ 35-36) : « Mais, dira-t-on, comment les morts ressuscitent-ils ? Avec quel corps reviennent-ils ? »

Sa réponse est incomplète mais intéressante, car elle évoque la nécessité biologique de la mort, la diversité des états dans le cosmos, qu'il s'agisse des *chairs* (chair des hommes, des animaux), des *corps* (terrestres et célestes) et des *éclats* (du soleil, de la lune, des étoiles) ; enfin l'évolution cosmique des formes de vie et les changements d'état assumés dans la résurrection de Jésus : « Ainsi en va-t-il de la résurrection des morts : on sème de la corruption, il ressuscite de l'incorruption ; on sème de l'ignominie, il ressuscite de la gloire ; on sème de la faiblesse, il ressuscite de la force ; on sème un corps psychique, il ressuscite un corps spirituel [...]. Il faut, en effet, que cet être corruptible revête l'incorruptibilité, que cet être mortel revête l'immortalité. »

Cette interrogation sur le « comment » de la Résurrection m'a perturbé, plusieurs années durant, assez violemment pour ébranler ma foi. Jusqu'au jour où j'en ai compris la vanité. Compris la folie de se forger une représentation « humaine » de la Résurrection. De se la représenter avec des images et des pensées « anatomiques ».

Le mystère de la Résurrection fait partie de la foi et, comme la foi, doit être accepté dans une perspective de confiance, ou bien refusé. Il me semble que celui qui veut adhérer au mystère de la Résurrection doit laisser de côté les comment : comment cela se fera-t-il ? Où ? Sous quelle forme ? Les questions de la matérialité, de l'espace et du temps.

Ce refus du comment, qui a donné à ma foi le caractère désormais inéluctable de la confiance, m'a été rappelé par un pasteur, intervenant dans une émission télévisée sur le thème de la mort. Il me semble, affirmait ce pasteur, que le chrétien doit se fonder, pour seule certitude, sur cette parole du Christ : « Celui qui croit en moi ne mourra pas, fût-il déjà mort. » Cette parole est devenue mon roc, l'ancre à laquelle je suis irréversiblement amarré, sans me soucier davantage désormais des déferlantes qui peuvent, de tous côtés, secouer mon bateau.

« Le courage de la foi (virtus), souligne H. Fesquet, consiste à accepter l'ignorance, en l'occurrence la béance, de la mort. La foi est de l'ordre du " cœur ", au sens pascalien du mot, c'est-à-dire au carrefour de l'affect, du vouloir et de l'intelligence. Non du savoir. Savoir que l'on ne sait pas est le b.a.-ba du croyant éclairé. Si la foi passait par des preuves, elle deviendrait un salmigondis dont ne voudrait aucun mystique, ou théologien, digne de ce nom. [1] »

Ne sommes-nous pas invités, d'ailleurs, par la liturgie pascale à ne plus « chercher parmi les morts Celui qui est vivant », de la même façon que les disciples s'entendront dire après l'Ascension : « Pourquoi restez-vous là à regarder le ciel ? » L'essentiel n'est-il pas plutôt : « La mort a été engloutie dans la victoire. Où est-elle, ô mort, ta victoire ? Où est-il, ô mort, ton aiguillon ? »

La Résurrection, je m'en fais, à présent, une très haute idée. Non de la forme qu'elle prendra et qui ne m'intéresse plus. Mais j'ai la conviction qu'elle sera grandiose, inversement proportionnelle à la détresse de la mort, comme les « souffrances du temps présent sans proportion avec la gloire à venir » (Rom. 8/18).

Car si je me réfère au fonctionnement de l'être humain, il m'indique sans cesse l'un de ses caractères qui est *binaire*, alternance, ce qui signifie que tout processus ne fonctionne qu'avec son contraire. Le cœur (systole et diastole), la respiration (inspiration-expiration), les glandes (sécrétion-excrétion), le muscle (contraction-relaxation), le système nerveux (vigilance-sommeil), etc. Et la vérité de l'organe est celle de la cellule, qui ne fonctionne que par des mouvements antagonistes d'entrée et de sortie d'ions différents. Tout fonctionne en deux temps antagonistes. Et pour qu'il y ait contraction, ou systole, il a fallu que le muscle ou le cœur se laissent aller en relaxation ou diastole. Vie et mort forment de la même façon un couple

1. H. Fesquet, *Expecto*, Actes Sud, 1988.

indissoluble, et la mort ne peut engendrer que la vie. Parce que la chair de l'homme se dissout, pourquoi son essence divine, consubstantielle au Dieu incarné et ressuscité, devrait-elle périr?

L'« apprentissage » de la foi en la Résurrection passe donc par l'« apprivoisement » de la mort. Se débarrasser de la crainte de la mort, c'est d'abord évacuer la peur de *perdre*, et de perdre tout. Y compris une foi perçue comme une « assurance-sur-le-risque-de-néant-après-la-mort ». C'est-à-dire, pour le croyant, ne plus croire en Dieu parce qu'il serait le seul à lui garantir l'Éternité, à titre de dividende-récompense.

Accepter de perdre tout, c'est se dépouiller de soi-même, afin que précisément les forces de vie puissent maîtriser les oppressions de mort. Car la peur de la mort, ce sont déjà, à l'œuvre, les forces de mort. La Résurrection, au contraire, est la marche en avant du chrétien; elle est mouvement, dynamisme, force de vie.

Croire en la Résurrection, c'est croire que *l'apparence* n'est pas tout le *réel*, qu'il existe une survivance, un état de plénitude et de joie définitives « auprès de Dieu » (que certains dénomment « entrer dans le Royaume »). C'est croire que la mort est le passage vers un pays de Canaan, une autre Terre promise. Quel au-delà? Nul ne le sait. A quoi bon substituer à une sereine confiance des élucubrations forcément erronées? Aux incroyants je voudrais faire cette proposition : acceptez seulement de vous laisser imprégner par cette interrogation : « Et si c'était vrai? »

L'octogénaire souriant qui, avec Yvonne Loriod, m'accueille sur le seuil de son appartement est l'un des plus grands compositeurs français de cette fin de siècle. Il va partir pour les États-Unis assister à la première de l'une de ses œuvres, interprétée par le Boston Symphony Orchestra, sous la direction de Seiji Ozawa.

De la foi de son enfance que sa longue vie d'artiste a enrichie il a conservé la ferveur, qui imprègne ses gestes, ses mots, la douceur de son regard. Toute sa vie durant, Olivier Messiaen s'est attaché à illustrer, à travers ses œuvres, le Christ dans ses Mystères. Ses *Trois Petites*

Liturgies de la Présence divine lui ont valu, pendant trente ans, quelque commisération soupçonneuse. Qui ne l'a ni découragé ni influencé. Il est demeuré fidèle à sa pensée « françoisienne », c'est-à-dire inspirée de saint François d'Assise, personnage central de son opéra. Chaque fête du calendrier chrétien est pour lui grâce singulière, source d'inspiration d'une création musicale.

« Messiaen, qu'y a-t-il à votre avis après la mort? », lui a demandé un jour André Malraux (que ce questionnement de la mort a beaucoup fasciné). « La Résurrection, évidemment », a répondu le compositeur. « Voudriez-vous composer une œuvre sur ce thème? », interroge Malraux. Et voilà l'histoire de la commande d'*Et Expecto Resurrectionem Mortuorum*. « Où voulez-vous être joué? », a demandé le ministre de la Culture au moment de donner la première. « A 11 heures du matin à la Sainte-Chapelle parce que ses vitraux en font le cadre le plus lumineux de Paris. »

Et voilà joués, en ce haut lieu, les cinq mouvements, illustrant le parcours du chrétien, de la déréliction vers l'espérance : « Des profondeurs de l'abîme, je crie vers Toi, Seigneur! La mort n'a plus d'empire sur le Christ ressuscité! L'heure vient où les morts entendront la voix du Fils de Dieu. Ils ressusciteront, glorieux, avec un nom nouveau! Et j'entendis la voix d'une foule immense... »

« Ressusciter avec un nom nouveau », cela veut dire pour Messiaen migrer de notre vie terrestre hors de l'espace et du temps. Et lorsqu'il compose plus tard le *Quatuor pour la fin des temps*, il ouvre sa composition par l'annonce de l'ange qui, le bras solennellement levé, proclame que le temps est désormais aboli. Nous voici dans l'éternité.

« Nous ressusciterons avec un corps subtil. » « Cela signifie quoi, pour vous, un corps subtil? » ai-je demandé à Messiaen. « Cela signifie que le " corps glorieux " n'est plus soumis aux nécessités terrestres telles que le sommeil ou la faim, cela signifie surtout qu'il est spiritualisé, parfaitement pur. Mais ce mot n'a de sens qu'en termes de foi. Souvenez-vous de Marie-Madeleine, rappelle-t-il en souriant : tant qu'elle n'a vu le Christ ressuscité qu'avec

121

son regard de chair, elle ne le reconnaît pas. Mais lorsque la foi éclaire ses yeux : Le voilà, c'est Lui ! »

Nul ne peut dire le comment de la Résurrection, a répondu à ma question le cardinal Lustiger [1]. Mais on peut, pour l'évoquer, recourir à des comparaisons de physique, comme le terme de « sublimation » (passage de l'état solide à l'état gazeux) ou de « spiritualisation » du corps humain en un « corps subtil ». Là n'est pas l'essentiel en fait, a-t-il ajouté. Croire en la Résurrection, c'est croire que la condition corporelle de l'homme à la fois le résume et ne le résume pas totalement. C'est l'un des fondements de la dignité de la personne. Pourquoi, sinon, respecter le blessé, l'infirme, le clochard, etc. ? Le respecter, c'est affirmer que cet être est bien plus que ce qu'il paraît à des yeux humains. La Résurrection est un événement spirituel dans la condition biologique.

Réduire l'homme à son existence corporelle serait identifier le véhicule au véhiculé. Ne voir dans l'homme que son être de chair, c'est en faire un objet biologique, c'est-à-dire un être inhumain, a ajouté Mgr Lustiger.

La guérison miraculeuse du corps est un aspect très singulier de la foi. Qui procède du surnaturel et nous pose nombre de questions. D'abord par son aspect « artificiel », son côté prestidigitateur qui fait sortir de son chapeau toutes sortes de choses. C'est l'aspect irrationnel d'un événement qui pose un défi à la réalité scientifique et a fortiori au médecin.

Mais la deuxième, et peut-être véritable raison de douter du miracle est que certains lui accordent valeur de preuve. Comme si notre foi en Dieu dépendait, avait besoin de la manifestation miraculeuse de sa puissance ou de celle de Marie.

Bien mauvaise preuve, en fait, que le miracle, puisqu'il implique la confiance dans le récit d'un tiers ou d'un petit nombre de témoins. Contrairement à une preuve, le

---

1. Les propos rapportés ici sont issus de notes prises lors d'un entretien sans magnétophone et n'ont pas été revus par le cardinal. C'est dire qu'ils ne sauraient l'engager, même si je me suis efforcé de leur être aussi fidèle que possible.

miracle peut faire douter, puisque les incroyants lui opposent l'absence de démonstration scientifique. A l'encontre des phénomènes mystiques et des visions ou apparitions, on invoque volontiers des phénomènes d'hallucination. Certains de mes amis médecins sont allés observer des enfants et adolescents yougoslaves qui « voient » régulièrement Marie et ont enregistré certains paramètres biologiques de ces « voyants » durant leurs visions (cœur, respiration, électro-encéphalogramme). Les enregistrements leur ont permis d'affirmer que ces voyants demeuraient parfaitement à l'état de veille pendant les apparitions (c'est-à-dire que leur électro-encéphalogramme n'indique aucune activité de type rêve, sommeil, hallucination), mais c'est tout.

Pourra-t-on, un jour, démontrer scientifiquement que des êtres sont en train de « voir » la mère de Dieu ? Moi qui ne l'ai jamais vue, je ne saurais dire, comme Didier Decoin, si elle a des yeux bleus [1] (!), mais il me paraît parfaitement possible qu'elle se manifeste, ici ou là.

Car le miracle s'inscrit « à la charnière » de la foi. Il ne « trouble » donc pas ma foi, dans la mesure où je crois la puissance divine largement assez grande pour se manifester sous une forme miraculeuse, et qui constitue simplement à mes yeux un témoignage de l'amour divin sans revêtir aucun caractère de preuve, susceptible d'étayer la foi, comme le ferait un argument scientifique. Par définition, la foi est une adhésion libre qui ne demande aucune preuve et se situe très au-delà d'elle.

Tout cela pour préciser que sans pour autant manifester une quelconque hostilité à l'égard du fait miraculeux, auquel je crois, « je ne cours pas après ». A quoi bon, d'ailleurs, les miracles, si nous devenions incapables de nous émerveiller d'un sourire d'enfant, d'un coucher de soleil, ou d'un champ de blé aux moissons ?

Les médecins ne peuvent pourtant pas méconnaître, quelles que soient leurs propres dispositions philosophiques ou métaphysiques, certaines observations. Ceux du Bureau médical international de Lourdes sont très exigeants sur les critères de guérison. Parmi 10 000 « guéri-

1. Didier Decoin, *la Sainte Vierge a les yeux bleus*, Le Seuil, 1984.

sons » présumées, 2 500 seulement ont été reconnues médicalement inexpliquées, et l'autorité ecclésiastique est elle-même très prudente dans sa reconnaissance du caractère miraculeux d'une guérison, puisqu'elle n'a retenu que soixante-cinq observations, la toute dernière, en date du 6 juillet 1989, pour une guérison survenue en 1976.

Je voudrais évoquer ici les trois dernières, assez convaincantes. Un hémiplégique récent peut toujours récupérer sa motricité : c'est banal. Mais un malade hémiplégique depuis plusieurs années à la suite de l'obstruction des artères carotides, associée à des troubles de la vision, qui guérit spontanément et subitement, c'est stupéfiant.

Lorsqu'un médecin, ensuite, connaît un malade atteint de tumeur osseuse maligne (ostéosarcome), qu'il en voit la radiographie et, sous son microscope, la prolifération des cellules cancéreuses, et lorsque, par les mêmes examens, il observe la guérison définitive de cette tumeur sans autre intervention que celle d'un pèlerinage à Lourdes, ce médecin est profondément troublé et ne peut pas ne pas se poser la question d'une relation de cause à effet. Même si sa formation scientifique, qui lui a appris quelques cas de guérisons spontanées de tumeurs, l'inciterait au doute.

Et il y a enfin la guérison tout récemment reconnue de cette jeune Sicilienne de 12 ans, chez laquelle avait été décelée également une tumeur osseuse grave (sarcome d'Ewing) qui, pour diverses raisons, n'avait fait l'objet d'aucun traitement chimiothérapique, physiothérapique ou chirurgical. Cette tumeur a guéri après un pèlerinage à Lourdes et l'enfant est devenue une adolescente, puis une adulte intrépide qui vient d'achever ses études d'infirmière, a fondé un foyer et peut être considérée comme définitivement guérie.

Le chrétien, médecin ou non, sait bien que le miracle est avant tout un *signe*, ce qui situe l'essentiel au-delà de lui. Que le Christ ait miraculeusement apaisé une tempête sur le lac, qu'il ait guéri un lépreux, ou ressuscité Lazare, en quoi cela m'importe-t-il, deux mille ans plus tard? En rien, si je n'y vois que l'événement passé, qu'un souvenir (qui a certainement, en son temps, beaucoup ému et ferait aujourd'hui un « scoop »). Mais le récit du miracle dans le texte évangélique n'a rien d'un rapport journalistique. Il superpose souvent une référence à l'Ancien Testament (pour en souligner la continuité avec le Nouveau), une rétroprojection de la foi pascale et une manière biblique de dire la divinité de Jésus.

Cela m'importe au contraire au plus haut point, si j'en retiens le *signe*. Une tempête sur le lac de Tibériade, il y a 2 000 ans, me laisse indifférent. Mais Jésus, capable d'apaiser mon angoisse existentielle et de lui donner réponse et sens, cela m'intéresse aujourd'hui. Jésus qui me guérit de la lèpre du matérialisme envahissant de notre époque, cela me concerne.

L'histoire de Lazare et celle du Christ exceptées, je n'ai jamais vu, ni su, que des morts fussent sortis de leur tombeau. Mais je crois en la parole du Christ, qui me dit que la mort est vaincue. Cela signifie qu'à côté du miracle, exceptionnel, je crois que l'action divine, toujours à l'œuvre par l'Esprit, se manifeste de façon intermittente par des « signes ».

L'amour de Dieu fait sans cesse irruption dans le monde et dans nos vies. Il est accessible en certains lieux privilégiés. Particulièrement dans les sanctuaires. Je pense, par exemple, à la crypte de la Nativité à Bethléem ou à la grotte de Lourdes. Je pense encore, à Paris, à la chapelle de la médaille miraculeuse de la rue du Bac. Un haut lieu de foi.

Marie est-elle venue là? Je me pose la question quelquefois, mais brièvement, sans me soucier vraiment de la réponse qui m'importe peu. Ce qui compte, c'est ce qui se passe, en ce lieu, maintenant. On y côtoie à toute heure beaucoup de monde, des religieuses et des clochards, des jeunes en baskets et des vieux à cache-nez, des fervents et des curieux, croyants ou superstitieux, des chômeurs et des hommes d'affaires, des femmes modestes ou en vison, des étrangers de tous pays, des naufragés de toutes mers venus s'ancrer à une roche. En résumé, le peuple de Dieu. Mais aussi on y prie, et surtout on y reçoit le sacrement de pénitence, on y partage l'Eucharistie.

Aimer Dieu de tous ses sens et de tout son être est à l'opposé de l'idolâtrie. Et autant faut-il s'opposer à celle-ci, autant faut-il laisser aux chrétiens la liberté d'expression de leur foi. Laisser la place à la ferveur, à l'affectivité, la spontanéité, la singularité des individus. Comme le fait le renouveau charismatique qui s'inscrit dans cette ligne, associant la ferveur chrétienne à des causes aussi nombreuses que variées.

Des sanctuaires, j'aime les prières et les chants, les statues et les retables, les cierges et les ex-voto. J'en aime aussi les odeurs d'encens et de lys, d'une sensualité voluptueuse. Autant que j'apprécie à leur immense valeur le silence et le dépouillement des chapelles du père de Foucauld, à l'Assekrem ou à Beni-Abbès. Je veux dire que l'être prie avec tout son être, c'est-à-dire avec ses cinq sens qui aiment également l'austérité et le baroque.

La ferveur qui m'anime en ces lieux privilégiés pourrait paraître suspecte de la part de celui qui appelle dans ce livre à récuser l'idolâtrie, à marier la science et la foi. Elle ne l'est pas. Pas plus qu'elle ne contredit l'attachement rigoureux au scientifique qui m'habite dans mon activité médicale. Passer par cette démesure de ferveur qui éclate dans les exubérances du baroque, le son des psaumes et des chants, les odeurs d'encens et de lys, c'est une voie royale pour aller vers Dieu, ne la méprisons pas. Rappelons simplement que seules sont importantes la teneur et la qualité évangéliques de la foi, qui atteint Dieu à travers le Christ, que nos manifestations servent à l'exprimer en rejetant toute mystification.

A Lourdes, les médecins bénéficient d'un privilège (il me semble que c'en est un) exceptionnel, celui de suivre la procession du saint sacrement immédiatement derrière le célébrant qui porte l'ostensoir, et de passer ainsi tout près de ces malades allongés, infirmes et invalides, dans l'axe du regard qu'ils portent vers le corps du Christ.

Après avoir surmonté un premier sentiment de malaise (l'impression d'être un « voyeur »), je regarde ces regards. Les uns éteints, certains résignés, d'autres absents. Mais beaucoup fixent l'ostensoir avec une intensité, une ferveur, une foi, qui me causent une des plus vives émotions de ma vie, moi qui en ai connues beaucoup. Au-delà de l'émotionnel, je suis sûr que ces regards sont ceux qui suivaient le Christ marchant sur les routes de Palestine, ceux de ces foules de malades et d'infirmes se pressant autour de Lui dans l'espoir de L'atteindre et de Le toucher.

L'incroyant – certains croyants aussi – pourrait éprouver de la révolte ou crier à l'imposture à la vue du Christ présenté à tous ces souffrants qui, dans leur immense majorité, ne seront pas guéris. Mais – et c'est là que se situe la profondeur de la foi chrétienne – la plupart de ces malades – dont beaucoup sont venus dans l'espoir (très légitime) d'une guérison – repartiront avec plus de sens à leur vie, de paix au cœur et de bonté pour l'Autre.

Hormis ces lieux privilégiés, l'Esprit de Dieu est à l'œuvre partout dans le monde, que ce soit à travers des personnalités au charisme exceptionnel (de l'abbé Pierre à mère Teresa, et de Marthe Robin au frère Schultz de Taizé), de milliers de chrétiens inconnus... ou des millions d'hommes et de femmes qui ignorent le Christ. « Au reste, Frères, dit saint Paul, tout ce qu'il y a de vrai, tout ce qui est noble, juste, pur, digne d'être aimé, d'être honoré, ce qui s'appelle vertu, ce qui mérite l'éloge, tout cela, portez-le à votre actif » (Phil. 4/8).

Transcendance, un mot bien galvaudé. Qui trouve cependant à propos de Dieu son exacte signification. Non dans une sorte de distance qui conduirait à répéter « Notre Père qui êtes aux cieux, restez-y ». Non dans le refus de mêler Dieu à nos « petites affaires » personnelles; il est là pour ça. Mais parce que la chair participe à la transcendance, à celle de l'art en particulier, qu'il faut réconcilier avec la foi. Je veux dire ici l'art considéré comme la création la plus noble de l'être humain, continuant et prolongeant la création divine.

« On n'a pas écrit avec assez de force, écrivait P.-J. Jouve au sujet de Mozart, qu'il est le musicien mystique le plus proche de nous, et qu'il a accès à la vie mystique par l'art des sons [...]. Profondément religieux, Mozart l'était au-delà de ce que pouvaient lui donner les faciles habitudes catholiques de sa vie. Mais pour lui comme pour tout mystique, le Christ est réel, total, infranchissable et ineffable. Lorsque Mozart écrit sur le Christ (le solo « Et incarnatus est » dans la *Grande Messe*, le motet « Ave verum corpus »), son chant est du Christ, et non plus de notre humanité. Mozart disparaît. Il n'est pas porté à son propre sommet comme Bach, sommet de Moïse sur le Sinaï; il s'évanouit dans l'extase. »

La chrétienté a d'abord largement et activement participé au développement de l'art, qu'il soit architectural, pictural, musical ou littéraire. Il suffit de rappeler les cathédrales, églises et monastères, la musique sacrée, l'Église, relais de diffusion de la culture et plus récemment, dans l'après-guerre, favorisant l'art moderne. Cette contribution, c'est évident, avait un support *sociologique*, à une époque où la culture européenne était globalement imprégnée de christianisme.

Aujourd'hui, au contraire, la foi chrétienne paraît se situer *à côté* de la création artistique qui est de plus en plus dépouillée, culturellement et sociologiquement, de l'influence chrétienne. Ici, je voudrais citer une anecdote (qui n'est certes qu'une anecdote, mais qui me paraît néanmoins significative). Dans un important festival français de musique et de musique sacrée se produisent les plus grands interprètes, orchestres et chorales, de notre temps (Alexis Weissenberg, Pierre Amoyal, J.-C. Malgoire, etc.). Ce festival annonçait, pour le dimanche matin : « Dans le cadre du festival, messe solennelle, avec programme musical. » Une heure avant la messe, un orchestre français avec chœurs répétait le splendide *Messie* de Haendel. Mais la répétition s'est interrompue, quelques minutes avant la messe, le chœur de l'abbatiale a été entièrement débarrassé des bancs, pupitres et micros qu'utilisaient les musiciens, pour faire place nette à un autel de bois d'une esthétique douteuse, un bouquet de fleurs, quelques chandeliers et deux pupitres de lecture. En fait de messe du festival, ce fut le show microphonique d'un prêtre à la voix éraillée, interrompu seulement par quelques morceaux d'orgue quasiment inaudibles. Qu'elle aurait été émouvante, pourtant, la messe célébrée dans ce décor d'orchestre avec une eucharistie partagée entre musiciens, choristes et fidèles ! La participation des fidèles chrétiens, me direz-vous, est tout aussi importante que celle des chœurs et de l'orchestre ! Certes ! Mais ces merveilleux musiciens n'ont-ils pas une façon à eux de prier ? Et la musique sacrée n'est-elle pas leur façon de témoigner ?

Dans le même ordre d'idées, pourquoi seul un Maurice Béjart compose-t-il une *Messe pour le temps présent* ? Pourquoi les admirables Requiems, les émouvantes Passions, ou les Messies exaltants sont-ils devenus des programmes de concert ou de disques compacts ?

Il ne s'agit pas ici, soyez-en sûrs, de nostalgies passéistes. Comment nier, en particulier, l'importance du renouveau liturgique récent ? Nécessaire, il a souvent manqué de goût. La vigilance de nos évêques ne devrait-elle pas s'exercer davantage dans ce sens ? Je crains que nos cantiques actuels les mieux intentionnés ne nous apparaissent aussi décevants demain que le sont aujourd'hui ceux d'hier (« Le voici l'Agneau si doux », « Prends ma couronne, je te la donne »). Mais pourquoi opposerait-on la liturgie à l'art ? Il s'agit au contraire de réintégrer la musique sacrée, ou la peinture, dans l'exercice de la foi, ce qui est un objectif parfaitement accessible.

V

CHAIR DE DIEU FÉCONDE

A l'homme et à la femme le Créateur a confié la pérennisation de sa création. Commençons par nous émerveiller de ce pouvoir, devenu « naturel », de pérenniser du divin. De perpétuer une Incarnation qui ne cesse *d'advenir*. Qui entérine le lien entre un Dieu qui crée et un couple humain libre et responsable qui procrée. Et qui place le sexuel au cœur même de la « Chair de Dieu ». Non pas parce que l'inconscient judéo-chrétien associe régulièrement les mots « chair » et « sexe » (pour leur donner une connotation qu'on ne saurait qualifier de « méliorative »!). Mais parce que le don de renouveler sans cesse l'Incarnation, c'est-à-dire l'expérience d'amour entre Dieu et les humains, est le processus essentiel qui conditionne tout (et devrait inciter les chrétiens à dépouiller définitivement le sexe de certains oripeaux nauséabonds de la « sexualité »).

Ce don de vie, le Créateur l'a fait passer par les pulsions de désir de l'homme et de la femme, qui les conduisent à un double destin, de plaisir et de fécondité. L'Église a légitimement lié ce double destin. Ce faisant, elle affirme implicitement que le plaisir n'est tolérable que dans l'exercice de la fonction de reproduction.

L'être humain n'est pourtant pas purement végétatif, entièrement régi par ses fonctions physiologiques. S'il en était ainsi, il n'agirait que pour vivre et survivre, alors qu'il arrive à chacun de nous de se comporter sans ces motivations. Par plaisir.

La transcendance de l'instinct de plaisir fait partie des différences essentielles entre sexualités humaine et animale. Nulle part ailleurs peut-être que dans la sexualité, le saut de l'animal à l'homme n'est plus manifeste, n'atteint

133

un plus haut degré. Attestant que l'homme est un « vrai-faux animal ». Le plaisir, partie intégrante de la dimension divine de l'homme, cela peut être grand et noble aussi. « Le plaisir, ne pas confondre, écrivait J. Delteil, avec l'horrible sexualité ni avec la vulgaire volupté. [1] » Le plaisir est noble quand ce qu'il désigne implique une référence à l'Autre. Cela veut dire le plaisir reçu, mais en échange d'un donné, c'est-à-dire partagé. Car parmi les nombreux désirs de l'être, il y a celui du corps de l'Autre, qui est désir de l'Autre.

Mystère du désir! Pourquoi ce besoin de complémentarité passe-t-il par l'Autre en tant que source de plaisir? L'Autre qui n'est pas objet, machine à plaisir, mais copie conforme du Dieu incarné et par conséquent éminemment respectable.

Ignorer, ou plutôt méconnaître, ce qui lie désir et plaisir (c'est-à-dire l'ambiguïté fondamentale dont il est source pour l'être en général et le chrétien en particulier) conduit aux pires errements. Cette ambiguïté, il ne faut ni la redouter ni en être victime en de douloureux déchirements. Le chrétien la connaît mieux que quiconque, lui qui ne parvient pas à faire « le bien » qu'il voudrait, et fait « le mal » qu'il ne voudrait pas. N'est-ce pas cela « se reconnaître pécheur », fondement de l'humilité?

Humilité et non-culpabilité, car c'est dans la nature dont Dieu nous a dotés d'être ambigus. Le Christ « est mort coupable de notre culpabilité » écrit mon ami Michel del Castillo [2]. « L'harmonie est un rêve de mort, parce qu'il procède de l'orgueil : cette illusion que l'homme peut accomplir une création parfaite (...). »

Revenons au désir et au plaisir. Leur perversion représentait l'un des ravages dénoncés par le Dr Solignac sous le nom de *névrose chrétienne* [3]. Son livre (publié dans la collection « Polémique »!) date de quatorze ans, et il est vrai que les mentalités et comportements ont beaucoup

1. Joseph Delteil, *le Sacré Corps*, Grasset, 1976.
2. Michel del Castillo, *la Halte et le chemin*, Le Centurion Panorama aujourd'hui, 1985.
3. Pierre Solignac, *la Névrose chrétienne*, Éd. de Trévise, 1976.

évolué depuis. Mais sommes-nous vraiment parvenus à *une foi sans névrose*[1]? On n'oserait l'affirmer.

Freud avait montré dans *Totem et Tabou* que « tout groupe social instaure dans l'individu un " surmoi " fondé sur la répression des instincts. Cette répression peut être génératrice de névrose issue d'un conflit entre le " moi " et le " surmoi " ». De sa pratique psychiatrique auprès de prêtres, religieux ou religieuses et couples chrétiens, le Dr Solignac tirait la description des troubles issus de ce type de névrose dans la communauté chrétienne. Son avant-propos, déjà, donnait le ton : « J'ai été frappé par le fait que l'éducation chrétienne traditionnelle favorisait les troubles névrotiques et les maladies psychosomatiques qui en sont la conséquence. » L'Église est une « institution névrosée utilisant essentiellement la répression et le refoulement ». Elle a imposé un « surmoi » écrasant ; elle a donné aux jeunes une éducation légaliste et culpabilisante, en matière de sexualité surtout.

Après avoir dressé une galerie de portraits de névrotiques, l'auteur dénonçait les stéréotypes de la plupart des institutions chrétiennes et la rigidité de l'appareil dogmatique chrétien qui se voulait surrépressif. Et le Dr Solignac concluait en invitant à repenser le message du Christ sous l'angle de la joie de la Résurrection, et non plus sous celui de l'angoisse et de la mort. Il proposait de détruire le narcissisme perpétué par l'Église-institution qui, loin de « socialiser » le « moi », le rendait antisocial en le chargeant de culpabilité et d'agressivité.

Ce livre, qui avait le mérite de dénoncer les erreurs de compréhension de la foi, présentait trop les chrétiens comme une communauté de névrosés. Or il est clair que les chrétiens n'ont jamais eu le monopole de la névrose et que la plupart d'entre eux – aujourd'hui tout au moins – perçoivent leur foi comme un appel à la liberté, si exigeante soit-elle.

Mais il reste beaucoup à faire et J. Durandeaux souligne l'alternative évidente présentée aux chrétiens d'aujourd'hui et fondée sur Qohéléth, l'auteur de l'Ecclésiaste : si les névrosés, les pervers ou les fous peuvent par-

---

1. Jacques Durandeaux, *Une foi sans névrose*, Éd. du Cerf, 1987.

faitement vivre de la foi, celle-ci ne doit pas être névrotique, ou bien ce n'est pas la foi. En d'autres termes, le chrétien qui demeure, malgré tout, très imprégné « d'humain » ne saurait se voir refuser le « droit » d'être névrosé, psychotique ou pervers. Mais il n'a pas le droit de transformer un discours névrotique, délirant ou pervers, en discours dogmatique, théologique, philosophique, éthique ou pastoral, par exemple.

La répression du désir, de nos désirs, est (jusqu'à un certain point évidemment) une nécessité. Il n'est pas de vie ou de société possibles sans limitation et donc refoulement du désir individuel, ne serait-ce que pour cette simple raison : ce désir finit toujours par concerner, voire altérer, l'autre et les autres. Contrairement à l'opinion selon laquelle la clé du bonheur est la satisfaction totale de tous les désirs, y compris les plus aberrants, une société ne peut donc exister sans un certain degré de régulation qui peut s'avérer contraignante.

Inversement, cette contrainte ne peut être cultivée pour elle-même, dans une sorte de masochisme qui irait jusqu'au mépris du corps. Car il y aurait là déperdition, gaspillage d'une énergie. Et cette énergie, issue de l'être, doit, sous peine de tensions divisantes, être réinvestie.

La question essentielle consiste à savoir comment sera réinvestie l'énergie du désir refoulé. Si elle l'est dans une démarche créative, elle est « réadaptée ». Si elle est gaspillée vainement, voilà le gâchis, la déperdition d'une énergie vitale donnée et voulue par Dieu pour l'accomplissement de sa créature. C'est un préjudice et un conflit pour la personnalité qui, dès lors, s'évade dans la névrose ou la toxicomanie (tabac, alcool, drogue, etc.).

Le fil directeur d'une foi sans névrose est donc le retour à la simplicité originelle, celle du *sens*. Nous y sommes aidés par les simples de cœur. J'ai beaucoup appris de l'écrivain-poète-sage Joseph Delteil (« saint Delteil », comme le dénommait André de Richaud), qui a contribué, me semble-t-il, à assainir la conception trop souvent névrotique de la sexualité.

Jugez plutôt : « Les choses étaient incognito, les mots tabous, écrit-il : j'ai tout lavé à grande eau. » Ou encore :

« On avait institué autour de l'amour une espèce de terreur. Tout était fardé, maquillé, truqué; masqué de mythes, couvert d'alluvions : j'ai tout foutu au soleil. »

Le soleil, pour Joseph Delteil, c'est la clarté qui reconstitue l'être humain dans son unicité, le délivrant de l'éternelle dichotomie de l'esprit et du corps, de l'âme et de la sensualité, du désir et du plaisir. L'être humain restitué à son bonheur de paradis terrestre au premier matin du monde : « J'entends le plaisir total, le contentement absolu du corps, du cœur et de l'âme, indivisibles. Sensibilité et sensualité sont les deux mamelles de l'âme; sensible à la fleur, à l'oiseau, à Beethoven, à la femme, au soleil... »

Ces considérations ne sont évidemment pas en contradiction avec les vertus de la chasteté bien comprise et bien vécue. Il est aujourd'hui difficile, en dehors de milieux privilégiés, de parler de chasteté. D'autant que le mot a fait l'objet, par le passé, de nombreux et regrettables malentendus. La vraie chasteté n'est pas refus ou défaillance de la chair. Elle est au contraire dignité sublime rendue à la chair, décidée par libre choix et non nécessité. Elle ne prend sens, souligne J. Durandeaux, « qu'à partir des autres, ou qu'à partir de l'autre. Une chasteté qui ne prend sens qu'à partir de soi, et pour soi, est déjà un symptôme névrotique ».

La chasteté à partir de l'autre devient au contraire le cadeau sublime proposé à Dieu par la femme ou l'homme consacrés. Mais qui ne prend sa valeur et son sens qu'après être passé par un regard clairement porté sur l'autre, comme une possibilité non choisie.

Si le mot « chasteté » ne parle pas à la plupart des jeunes d'aujourd'hui, ces jeunes sont sensibles à la notion, positive, de « sexualité réservée à un plus grand épanouissement personnel ». Mise en réserve pendant que sont développées d'autres qualités, physiques, intellectuelles et spirituelles. Les jeunes sont beaucoup plus assoiffés d'absolu qu'on ne le croit et leur misère sexuelle est souvent signe de leur détresse spirituelle, de leur besoin de comprendre et d'être compris, d'aimer et d'être aimé. De répondre, aussi, aux grandes et éternelles questions humaines : « Que fais-je sur cette terre et pourquoi y suis-je ? »

Parce qu'elle se refuse à dissocier plaisir et fécondité, l'Église s'oppose à la contraception. Qu'elle demeure en retrait et à contre-courant de son époque me plairait plutôt, car savoir dire non est une vertu, celle de la capacité de révolte, chère à Camus.

On ne peut manquer de constater cependant que l'Église et les évêques de France sont mal entendus. Les « affaires » du film *la Dernière Tentation du Christ* puis de la pilule abortive RU 486, et les prises de position consécutives, ont fait lever dans toute la France une vague de commentaires fébriles, teintés d'anticléricalisme.

Un fossé, ou plutôt un abîme, s'est creusé entre les positions de la hiérarchie catholique et la façon dont elles ont été reçues et comprises. On en a vu les stigmates dans les résultats d'un sondage CSA-*Libération* [1] réalisé durant la vague polémique qui a agité la presse en cette période « chaude ». Il ne s'agit que d'un sondage (avec toutes les réserves qui peuvent lui être opposées), mais ses chiffres sont significatifs :

– Dans le groupe des « catholiques pratiquants réguliers » (qui recoupe une réalité relativement précise), les pourcentages d'opinion étaient les suivants : ils sont 51 % à dire que, sur le sujet de la condamnation des préservatifs, l'Église va trop loin et 41 % à dire qu'elle est dans son rôle. Quant à la question de son opposition à la pilule abortive, 46 % la condamnent et 43 % l'acceptent.

– Dans le groupe de population « tout-venant », les chiffres sont encore plus significatifs : 74 % estiment que l'Église va trop loin quand elle condamne les préservatifs (contre 17 % qui estiment qu'elle reste dans son rôle), et 18 % qu'elle est dans son rôle lorsqu'elle s'oppose à la pilule abortive (contre 71 % qui estiment qu'elle va trop loin).

Commentant le résultat de ce sondage, l'éditorialiste de *Libération* [2] estimait que « l'Église, qui n'a rien perdu de

1. *Libération*, 28 novembre 1988.
2. Francis Zamponi.

ses ambitions séculières et qui se voit même obligée de les renforcer pour ramener en son sein les intégristes, se trouve maintenant confrontée à un problème de marketing. Il faut faire admettre aux laïcs, mais aussi aux catholiques, que son rôle ne se borne pas à guider les âmes, mais qu'il consiste encore à diriger les corps ».

Dans sa lettre ouverte au cardinal Decourtray, mon collègue, le Pr Marc Gentillini [1] (catholique pratiquant très ouvert aux problèmes du tiers monde, ceux de l'Afrique noire en particulier) précisait à propos du sida qu'il était dans l'ordre des choses que « le cardinal choisisse la promotion de la fidélité et le ministre (de la Santé) celle du préservatif »; mais qu'une morale qui laisserait courir un risque aux jeunes « ne serait qu'un règlement simplifié et déshumanisé ».

Voici encore, comme exemple de malentendu, le dialogue [2] entre M. Michel Morineau, secrétaire national de la Ligue de l'enseignement, et Mgr Panafieu, président de la Commission épiscopale du monde scolaire et universitaire, illustrant le « nouveau divorce entre l'Église et la société ». « L'Église nous semblait avoir accepté, souligne M. Morineau, de n'être qu'une composante, certes importante, mais nullement hégémonique, de la société républicaine [...]. Il nous apparaît aujourd'hui, à tort ou à raison, qu'elle en vient à légitimer une pression qui conduirait le législateur à obliger les incroyants à suivre des principes avec lesquels ils sont en désaccord. »

« Oui, concluait-il, les religions – mais elles ne sont pas les seules – ont à faire entendre leur voix dans les débats de société, et l'éthique comme la culture ne sauraient se passer de leurs messages. Non, les autorités religieuses ne peuvent prétendre imposer leur point de vue à l'encontre de la décision de la représentation du peuple. »

Dernier exemple enfin, celui d'un écrivain et d'un scénariste dénonçant avec véhémence « l'ordre clérical » [3] : « L'Église de France vient de démontrer qu'elle n'a en rien renoncé à régenter les consciences, les esprits, les mœurs.

---

1. Marc Gentillini, *la Vie*, 6 décembre 1988.
2. Henri Tincq, *le Monde*, 22 novembre 1988.
3. Gilles Perrot et Jacques Kirsher, *le Monde*, 14 décembre 1988.

Lorsque la Loi républicaine, qui garantit la liberté religieuse, s'oppose à ses dogmes, elle n'hésite pas à déchaîner contre elle l'intimidation et la menace, puis, par cohortes interposées, la violence physique, et jusqu'à faire verser le sang. »

Pour tenter de clarifier ce débat, je voudrais souligner quelques faits, après avoir précisé que je ne veux, ni ne peux prétendre à la fonction de « donneur de leçons » ou « faiseur de morale », car alors je me qualifierais – plagiant saint Paul – de dernier et plus indigne disciple du Christ.

Il faut rappeler d'abord que si l'Église appelle à l'exigence, elle ne prétend pas imposer, réprimander, ni a fortiori condamner. Écoutons Mgr Bernard Panafieu répondant aux critiques du secrétaire de la Ligue de l'enseignement : « Même si ont été entendues quelques notes discordantes, plus personne aujourd'hui dans l'Église catholique ne reparle du sida comme d'un châtiment de Dieu. Et dans son allocution de Noël, le pape Jean-Paul II a lancé un appel aux catholiques du monde entier afin qu'ils refusent toute ségrégation et contribuent à venir à bout de l'épidémie. Même si elle n'est pas exempte d'erreurs de parcours, l'Église ne veut revendiquer pour elle-même aucun privilège, aucun pouvoir, encore moins un monopole [...]. Elle se présente non pas comme un groupe de pression, un pouvoir occulte, un lobby, mais comme une force morale qui veut mettre au service de tous son sens de l'homme, sa passion de l'unité, son respect de la vie, de la famille, son attention aux plus démunis. »

D'autre part, si elle est la seule critiquée (parce qu'elle est peut-être la plus influente et parce qu'elle a parlé davantage), l'Église catholique n'est pas la seule à faire preuve d'intransigeance. Remarquons en effet que d'autres Églises ont, sur les mêmes sujets, des positions identiques. A l'occasion de la Journée mondiale sur le sida, les autorités juives et musulmanes ont prôné la même prévention par l'abstinence :

« Pour l'islam, il ne peut y avoir de relations sexuelles

que conjugales », a rappelé le Cheikh Abbas, recteur de la mosquée de Paris. « La Torah interdit strictement toute relation sexuelle en dehors du mariage légitime, ainsi que toute forme d'homosexualité. [...] Le préservatif est interdit par le Talmud, car la relation entre l'homme et la femme doit être totalement sans écran », rappelle le grand rabbin Chouchena, directeur du Séminaire israélite. Sans qu'il soit ici le lieu de scruter les pourquoi, constatons que c'est pourtant seulement à l'Église catholique que s'adresse le tollé des protestations.

Enfin, une inversion du rapport entre l'Église et l'opinion s'est désormais établie, souligne Henri Tincq dans *le Monde*. « Toute prise de position de l'Église sur la propriété privée, l'accumulation des armements, la justice sociale ou la morale internationale était autrefois suspecte. » On recommandait à l'Église de s'en tenir à la famille, aux droits de Dieu et non de l'homme, et à la charité. L'inverse se produit aujourd'hui. On tolère que l'Église catholique parle de paix, de dissuasion nucléaire, de droits de l'homme, de racisme ou de chômage, « mais on supporte de moins en moins qu'elle s'immisce dans la vie privée des individus et s'érige en magistère éthique ».

Comment pourrait faire l'Église, demande le même journaliste, pour rappeler les enjeux et exprimer ses exigences dans un langage qui ne se réduise pas au permis et au défendu? Les forces « intégralistes » de l'Église (c'est-à-dire celles qui s'attachent à un rappel intégral de la foi et de la morale chrétiennes) ne risquent-elles pas, interroge-t-il, de l'emporter sur celles qui, au concile Vatican II, voulaient « ouvrir largement l'Église au monde moderne et aux aspirations modernes de la société »?

Car des attitudes « différentes » sont attendues, et par le peuple de France et par ses médias, comme en témoigne la faveur accordée aux prises de position de Mgr Gaillot. Cet évêque d'Évreux, âgé de cinquante-trois ans (affublé de nombreux qualificatifs qui ne le troublent guère : « l'évêque trouble-fête », « un homme seul », « pauvre petit évêque trop seul, comme la chèvre de M. Seguin »), manifeste une liberté de parole bien différente du conformisme de rigueur dans la hiérarchie catholique. L'attention s'est portée sur lui parce qu'il a donné l'accolade à Yasser Arafat à Tunis, parce qu'il a reçu deux fois à sa table le délégué de l'OLP, Ibrahim Souss, parce qu'il est monté à bord du « bateau pour la Palestine », parce qu'il défend les expulsés et les immigrés, rend visite aux prisonniers, ouvre ses églises aux grévistes de la faim, est ami de Harlem Desir et membre du bureau local de SOS Racisme. Il a plus récemment proposé l'ordination d'hommes mariés et la réintégration des prêtres mariés dans le ministère de sacrements. Au moment du débat sur le préservatif dans la lutte contre le sida, il aurait préféré que « l'Église ne parle pas » : « On ne peut pas condamner les préservatifs qui sont actuellement le seul moyen de lutter contre l'épidémie. Il ne faut pas culpabiliser les gens. Je ne voudrais pas personnellement que quelqu'un attrape le sida à cause de condamnations que différentes Églises pourraient faire. » Ne pas utiliser de préservatif, « c'est vraiment de la non-assistance à personne en danger ».

J'ai rencontré et écouté Mgr Gaillot. J'ai lu ses déclarations dans la presse. Je n'ai rien vu ni entendu qui choque l'essentiel de ma foi, même si les présentations de presse de déclarations ou d'interviews, extraits de leur contexte, peuvent toujours faire sursauter. L'épiscopat français lui a fait les gros yeux et il a accepté de signer une déclaration commune qui, sans lui faire perdre la face, l'engage à une « vigilance particulière pour que ses déclarations publiques ne mobilisent pas l'opinion en des conflits contraires au bien commun de la société et à la force du témoignage chrétien ».

Demain nous dira si ces quatre derniers mots étaient plus vrais s'agissant de Mgr Gaillot ou de l'épiscopat. Mais qui niera la réalité et l'acuité des problèmes qu'il évoquait?

Ouvrons une parenthèse sur certaines difficultés du clergé français. A côté de prêtres et religieuses merveilleusement épanouis, pourquoi ignorer les autres en rupture de ministère, en déprime, en misères de toutes sortes?

Il suffit de lire *l'Homme interdit* [1] pour rappeler l'acuité de ces difficultés. Car « vivre des rapports

1. Janine Marroncle, Éd. Nouvelle Cité, 1987.

humains, c'est inévitablement vivre des rapports sexués, jamais clairs, jamais évidents, ouverts sur le mystère de soi et de l'autre, sur l'étrange (l'étranger en soi) ». Il faut scruter le bilan du Congrès de l'entraide sacerdotale pour comprendre les détresses. Il faut lire « *le Supplément* »[1], dont le comité de rédaction associe psychanalystes, psychothérapeutes, théologiens, philosophes, moralistes, tous gens sérieux qui tentent de proposer des solutions aux cas dont ils ont eu connaissance.

Dans les années soixante, certains se sont mariés par opposition à l'Église, pour rompre avec une pratique qui ne leur convenait plus. Quelques années plus tard, d'autres, sans quitter le sacerdoce, ont vécu ou vivent toujours une relation conjugale, sans rien demander à personne, tout en estimant rester fidèles à Dieu et à l'Évangile, même s'ils ne le sont plus au regard des lois ecclésiastiques. (...) « Il faut, note le père Anatrella, psychanalyste et l'un des responsables de l'Entraide sacerdotale, avoir le courage de s'interroger sur ce vécu de l'ombre et de l'alcôve qui a des conséquences dans l'action pastorale. » « Ce n'est pas le célibat qui est difficile, disait un jour un prêtre, mais la chasteté. »

J'estime, pour ma modeste part, que nous avons en France des évêques merveilleux de piété, de générosité, et dont les vertus évangéliques méritent notre admiration. Il me semble cependant que la sacro-sainte prudence qui les a fait élire pour les sécurités dont ils avaient donné la preuve inhibe parfois leur charisme et leur parler. Je sais qu'on leur fait volontiers procès à la fois de parler et de se taire. Mais j'aimerais tant, moi, qu'ils réagissent plus viscéralement, et je leur pardonnerais si volontiers quelques libertés de paroles ou emportements, s'il s'agissait de coups de cœur ou de coups de « tripes », issus de l'humain et non de rappels au règlement. Ils ne me scandalisaient pas, les évêques du passé avec leur train de vie fastueux et leur chauffeur, pour la seule raison qu'ils n'avaient pas peur d'être ce qu'ils étaient. Car à force de dépouillement – au sens propre et figuré –, le caractère de certains finit par se rapprocher de celui de l'azote; il devient incolore,

1. *La Vie spirituelle*, nº 168, Éd. du Cerf, 1988.

inodore et sans saveur. N'ayez pas peur, chers pères-évêques, de crier haut et fort votre conviction, et tant pis si elle apparaît parfois trop humaine! L'Église est-elle là pour répondre à ce qu'attend d'elle la société? Elle répond elle-même non : « Le rôle du pape est de dire la loi, rappelait Françoise Dolto, et qui la dira s'il ne le fait pas?» «Ce n'est pas parce que nous ne sommes pas suivis que nous avons tort», dit-on à Rome. L'Église n'a pas peur d'aller « à contre-courant des idées reçues et des sondages d'opinion » (Mgr Panafieu). Le premier souci de l'Église « n'est pas d'abord son taux d'écoute, mais bien de dire le vrai et le bien de l'homme. Elle nous invite constamment à nous réaligner sur l'attente de Dieu, qui est maximaliste ». On pourrait faire remarquer que pour dire « le vrai et le bien », encore faut-il un taux d'écoute minimal! Par conséquent, l'Église non seulement n'a pas assoupli sa position, mais demeure inchangée dans son obstination à rappeler l'encyclique *Humanæ Vitæ*. Fondée sur le principe que la vie est sacrée, et qu'il n'appartient donc pas à l'homme d'en disposer, celle-ci condamnait sans réserve l'avortement, mais également toute méthode de contraception « artificielle » (préservatif, pilule, diaphragme ou stérilet), n'admettant que la méthode de continence périodique fondée sur la connaissance de la date de l'ovulation. A l'occasion du vingtième anniversaire de cette encyclique, Jean-Paul II a rappelé qu' « aucune considération personnelle ou sociale » n'autorise l'emploi de contraceptifs.

Et pourtant, comme le soulignait le père Congar, peut-on avoir raison tout seul? Que vaut une directive qui n'est pas suivie, une proposition qui n'est pas adoptée, une conduite ignorée du plus grand nombre? Car les enquêtes confirment que l'Église n'est pas entendue : 2 à 3 % seulement des femmes de 18 à 49 ans recourent à l'abstinence périodique, contre 76 % qui utilisent la pilule ou le stérilet. Tous les sondages indiquent que les catholiques, même pratiquants, s'éloignent de plus en plus de l'enseignement du pape dans le domaine de la morale sexuelle. Sans presser en aucune façon le magistère de céder à l'« opinion », il est tout de même grave de laisser se développer un malentendu croissant entre lui et l'incroyant, ou a fortiori le chrétien.

Le véritable problème, en réalité, ne se pose pas ainsi. Le « nouveau divorce » entre le magistère et la société est inhérent au problème de la foi, et l'attitude globalisante de l'Église n'est compréhensible, admissible, *qu'en termes de foi*. C'est ce qu'a tenté d'expliquer Mgr Julien, archevêque de Rennes, en élevant le débat au-dessus du permis et du défendu : « Nous sommes confrontés à une crise culturelle et spirituelle majeure. Les excès mêmes de la situation présente nous obligent à revoir toutes nos échelles de valeurs. [...] Je ne pense pas qu'une éthique puisse durer longtemps sans mystique. [...] Il faut aider les gens à avancer vers une sexualité toujours plus responsable. De l'insignifiance sexuelle totale, quand il n'y a ni amour ni fécondité, il faut avancer à la pleine signification d'une rencontre... »

Pour tenter de conclure sur ce sujet difficile, il faut sérier les questions en distinguant l'idéal du possible.

L'idéal, et le souhaitable, c'est, pour les chrétiens, la position de leur Église. Si son point de vue est idéal, c'est parce qu'il est *cohérent*, puisque globalisant : la sexualité n'a pour elle de sens qu'intégrée dans le cadre de l'épanouissement complet des êtres et dans la perspective de la procréation voulue par le Créateur. A partir de là, pourquoi dissocier les points de vue de la morale, de l'éthique, de la sociologie, de la médecine, etc. ?

Il est également idéal dans la mesure où il est *maximaliste* : les propositions de l'Église sont certes exigeantes, mais elles sont celles du Christ qui appelle tous les humains à la sainteté : « Soyez parfaits comme votre Père céleste est parfait. » Mais le Christ dit aussi, souligne Mgr Julien : « Père, pardonne-leur. » Cela veut dire que l'attente de l'Église serait écrasante et culpabilisante si ce Dieu, plein d'exigences parce qu'il nous aime, n'était pas en même temps plein de miséricorde. J'ajouterai que la théologie la plus classique ne considère pas toute action humaine comme peccamineuse !

Notons enfin que le point de vue de l'Église est souvent

vérifié : nul ne peut nier que beaucoup de couples chrétiens vivent les exigences de l'Église et en sont heureux et épanouis. Inversement, nul ne peut nier pourtant que cette position est inaccessible à beaucoup d'autres, qui se limiteront au possible.

Le possible (en référence à l'humain, ce qui correspond, d'un certain point de vue, à l'« idéal »!) est une question beaucoup plus complexe.

L'avortement, d'abord, est un crime, et, plus encore, une absurdité, un péché contre la vie. Au lieu de supprimer un être vivant, mieux eût-il valu qu'il ne fût pas conçu. L'avortement chimique (par la pilule abortive) n'est qu'une alternative chimique à l'avortement mécanique, rejoint la même logique et encourt la même condamnation.

Le sujet s'ouvre cependant sur une interrogation : l'être humain dispose-t-il totalement de lui-même? En d'autres termes, chacun est-il en droit de décider librement de tout ce qui concerne sa chair? Et l'embryon conçu au sein d'une femme est-il toujours « de la femme », ou bien est-il un être distinct, sur lequel elle n'a plus de droit de vie ou de mort? Cette question en appelle une autre : un tiers, parce qu'il est hostile à l'avortement (et si légitimes que soient ses raisons), a-t-il le droit d'imposer son point de vue à l'autre par une loi ou, s'il ne le peut, par des pressions, voire la violence? (la question vaut pour la pilule abortive, comme elle valait pour le film de Scorsese).

Pour ma part, je réponds non. Moi qui suis résolument hostile à l'avortement, je *peux* convaincre de ne pas le pratiquer, aider les mères, non seulement à « porter » l'enfant non désiré, mais surtout à le prendre en charge ensuite (ce qui est beaucoup plus difficile!), informer sur la contraception, pour éviter qu'on n'en arrive à l'avortement, favoriser des conditions de vie meilleures pour faciliter les maternités. Mais *je ne peux pas*, me semble-t-il, contraindre « l'autre », par une loi, parce que je ne partage pas son avis, ou que la France a besoin d'enfants, etc.

On pourrait évidemment disserter longuement ici de morale et de liberté, individuelle et collective. On pourrait objecter le cas de l'inceste qui est interdit par la loi parce qu'il est outrage à l'enfant, et en rapprocher l'avortement, qui est suppression d'un enfant. Rappelons simplement que la loi de 1975 réglementant l'avortement se voulait une *alternative* à des avortements pratiqués dans la clandestinité et des conditions médicales désastreuses pour les femmes pauvres, tandis que les riches avaient accès à l'étranger à des cliniques confortables. Il faut ici rendre justice à Mme Simone Weil. Ce n'est probablement pas de gaîté de cœur qu'elle a fait adopter son projet de loi sur l'interruption volontaire de grossesse. Elle y a été contrainte par une cohérence implacable pour quiconque voulait bien voir en face que l'avortement volontaire était une réalité, quoi qu'on pense, fasse ou dise, et que bon nombre de femmes en mouraient ou demeuraient mutilées à vie du fait de la clandestinité et de l'illégalité.

Or qui, de bonne foi, ne reconnaîtra que la situation s'est totalement transformée. « Durant mon internat, avant 1975, dit mon collègue gynécologue-obstétricien, le Pr B. Hédon, un tiers des lits du service hospitalier était occupé par des femmes malades de complications d'avortement, alors qu'une ou deux seulement par an sont désormais hospitalisées pour cela. » Il est donc scandaleux de pérenniser le procès d'intention fait à Mme Weil à propos de cette loi, procès à une femme rescapée des camps de la mort, et qui, à ce titre, connaît mieux que ses accusateurs le prix de la vie et de la dignité humaine.

A cet égard, on ne peut qu'être scandalisé par les graffitis apposés sur les affiches électorales représentant Mme Weil en compagnie d'un enfant et qui font dire à cet enfant : « Dis, Mamy, combien en as-tu tués avec ta loi sur l'avortement ? » J'ose espérer sans en être malheureusement certain, qu'aucun chrétien n'aura participé à de si honteuses démarches.

D'autant que la « loi-Weil » n'a entraîné, en France, aucune des catastrophes que les Cassandre n'avaient cessé de lui prédire : le nombre des avortements ne s'est pas exponentiellement accru, puisque de 171 000 IVG en 1981 on est passé à 168 000 en 1986. Les avortements clandestins ont en revanche quasiment disparu : aucun

147

décès consécutif en 1988, alors qu'on en comptait des dizaines avant 1975. De plus, l'IVG ne s'est pas banalisée comme moyen de contraception, puisque les statistiques indiquent le développement des méthodes contraceptives depuis la promulgation de la loi. La plupart des femmes vivent l'avortement, non pas comme une banalité, mais comme un échec, et il est significatif de noter que si certains défendent le droit au choix personnel, personne ne milite pour l'avortement.

Enfin, la chute de la natalité (aggravant la baisse démographique des pays européens) n'a pas été confirmée, aucun lien statistique direct n'ayant pu être établi entre l'IVG et la dénatalité. Je supplie qu'on ne prenne mon propos pour quelque plaidoyer indirect favorable à l'IVG. Soyons au contraire vigilants afin de ne pas nous laisser gagner par une « perte de sens » de l'avortement, tendance dont témoignent certains titres de presse dans les remous suscités par la pilule abortive : « Va-t-on priver les femmes de ce médicament? » ont titré certains journaux. Si la pilule abortive est un médicament, cela signifie que la fécondité est une maladie! L'abus de langage est révélateur du dérapage progressif des mentalités.

La contraception est un sujet sur lequel la position de l'Église met vraiment mal à l'aise le médecin chrétien que je suis. Oui, vraiment mal à l'aise, car si respectueux que je sois du magistère de l'Église, je parviens mal à faire coïncider sa parole avec ce que je sais, ce que je vois, ce que je crois et ce que je sens, au plus profond de moi-même. Et je n'aime pas mettre en opposition ma foi et la vie.

Essayons de disséquer successivement les différents aspects, bien que le procédé soit artificiel car ils se recoupent. D'un point de vue humain, la contraception peut réduire le nombre des naissances et tendre à présenter la procréation, destin naturel du couple, comme un danger. Certaines tournures du langage actuel témoignent de cet état d'esprit : on dit couramment « risque de grossesse » et « tomber enceinte », alors qu'on parle de pourcentages de « chances » de contracter un cancer.

La contraception peut aussi favoriser les égoïsmes, accroître la « permissivité sexuelle » et fourvoyer par conséquent de nombreux jeunes qui méconnaissent, dans la relation à l'autre, une démarche d'*amour*, pour les faire aboutir à l'impasse d'une démarche insignifiante de *sexualité*.

Pourtant, malgré ces quelques considérations négatives, je suis tout à fait conscient de tout ce que peut avoir de positif une contraception mise au service de l'amour. La plupart des femmes sont désormais averties que les rythmes de fécondité inscrits dans leur corps permettent d'avoir des enfants désirés, et seulement quand elles les désirent. Cette liberté donnée au couple de *vouloir* l'enfant plutôt que de le *subir* ne procède-t-elle pas aussi de la grandeur dessinée pour l'homme par Dieu? Quel peut être le sens des périodes « naturellement » infécondes?

D'un point de vue sociologique, il ne me semble pas que la contraception puisse être condamnée. Il est vrai que beaucoup d'enfants non désirés sont tout aussi heureux que des enfants voulus. Il est vrai aussi qu'une meilleure répartition des richesses de notre planète allégerait les problèmes de surpopulation et de famine. Mais enfin, il faut regarder la réalité en face : quelle est la vie de ces mères des pays « en voie de développement » qui subissent (il n'y a pas d'autre mot) des grossesses nombreuses pour mettre au monde des enfants précocement décimés par la maladie ou condamnés à la faim?

L'objectif nataliste ne me paraît pas non plus constituer un argument. Mgr Cuminal [1] joue son rôle lorsqu'il déplore la banalisation de l'avortement. Lorsqu'il souligne que la pilule abortive n'est pas une solution aux cas de détresse, mais un nouveau procédé de contraception contraire à la morale chrétienne. Ce qui est plus discutable, c'est quand il étaye sa position, dans la suite de l'entretien, par le motif de « nos sociétés occidentales actuellement menacées d'une diminution importante ». Il n'est pas acceptable qu'il assimile morale et sociologie quand il parle au

1. Interview, Anne-Marie Romero, *le Figaro*, 17 novembre 1988.

lecteur tout-venant. Une morale n'a de sens que pour un groupe d'individus, et ne doit pas être assimilée à une éthique. Une morale qui serait imposée comme une valeur universelle pourrait rapidement tourner au fascisme, dont nul n'a oublié les sinistres et fâcheuses conséquences.

Du point de vue de l'éthique, on n'a pas le droit d'assimiler, même si elles ont finalement le même résultat, contraception (non-fécondation) et avortement (destruction du fruit d'une fécondation). A cet égard, je dois dire mon incapacité à souscrire à certains propos de notre pape Jean-Paul II : « La doctrine rappelée par l'encyclique *Humanæ Vitæ* [1] constitue un enseignement qui appartient au patrimoine permanent de la doctrine morale de l'Église. La logique profonde de l'acte contraceptif, sa racine ultime, n'est autre que la logique contre la vie. »

Comment parler, à propos de la contraception, de « mentalité abortive » ou de logique « contre la vie »? J'ai dit mon admiration pour le cardinal Lustiger : elle tient à ce qu'il est, à ce qu'il représente (ce lien magnifique entre judaïsme et christianisme), à ce qu'il écrit. Cela me met d'autant plus à l'aise pour dire mon désaccord avec lui lorsqu'il déclare [2], en réponse à la question « Quelles sont ces conduites contraires à la dignité humaine? » : « J'ai cité la contraception... » On ne peut vraiment admettre sérieusement que la contraception attente à la dignité humaine.

Que les couples qui le veulent et le peuvent soient fidèles aux méthodes « naturelles » de contraception, tant mieux! Mais qu'est-ce que cela veut dire aujourd'hui, « naturel »? J'ai dit, par ailleurs, ce que je pensais du bon usage de ce mot. N'est-il pas employé souvent comme une réponse un peu facile à des questions complexes? Car

1. On a su a posteriori, d'ailleurs, que Paul VI avait pris, dans cette encyclique, une position contraire à celle de la commission qu'il avait chargée de l'éclairer et qui était, elle, largement favorable à la contraception (36 voix contre 4). Est-ce à cause du fondement de la tradition et de l'autorité du magistère chrétien qu'il s'est comporté ainsi? En préférant les conséquences pratiques d'une décision à la vérité elle-même, on en arrive en tout cas à disqualifier à la fois le fonctionnement du magistère et le texte dont il est issu.
2. Jean-Marie Lustiger, *le Choix de Dieu*, Éd. de Fallois, 1987.

enfin, la méthode contraceptive dite « Ogino » est autorisée, et encouragée par l'Église parce que « naturelle » (et c'est évidemment celle à laquelle doit aller la préférence, ne serait-ce que du point de vue de la physiologie). Mais si importantes que soient ces considérations, comment justifier la différence entre la contraception physiologique et la contraception « mécanique » ? Est-elle différente l'infécondité due à l'utilisation d'un préservatif de l'infécondité liée à la période du cycle qui repose sur la « méthode des températures » ? Et en quoi cette contraception attenterait-elle à la dignité humaine ?

Aussi, le médecin ne comprend vraiment pas pourquoi un objet anticonceptionnel est défendu alors que la méthode dite « des températures » (qui a exactement le même objectif) serait bénie par la loi divine, parce que « naturelle ».

Que l'Église invite l'homme à ne pas aller contre les « lois naturelles », c'est son rôle. Mais je ne crois pas que ce soit à elle de définir la « loi naturelle ». Ce serait plutôt à des chrétiens ou à des médecins, qui, refusant les casuistiques mesquines, connaissent mieux le vrai de l'être humain et de sa biologie.

Je voudrais rappeler ici l'exemple d'un passé peu lointain. L'un des sujets dont raffolaient les friands de casuistique (et les langues gourmandes, les yeux brillants avec lesquels ils en parlaient étaient assez symptomatiques de la place qu'avait prise chez eux la *lettre* sur l'*esprit*) était celui des maladies maternelles mettant en péril la vie du fœtus. Qui, de la mère ou de l'enfant, fallait-il sacrifier ?

Je ne nie pas qu'une telle éventualité ait pu se présenter en pratique médicale. Mais elle est très exceptionnelle, et fût-elle réalité, elle n'est jamais aussi caricaturale que ce qu'en faisaient les amateurs de débats cornéliens. Et – moi médecin, en tout cas – je n'irais pas chercher un moraliste ou un théologien pour éclairer ma décision.

Si, donc, laissant de côté les « recettes » de style « catho », on revenait au sens ? Du plaisir comme le partage vrai d'un amour vrai, inscrit dans le projet d'un Dieu créateur qui a voulu précisément que l'être soit désirant – désiré de l'autre. Il faut aller plus loin et dire que l'assimilation de la contraception à l'avortement est dramatique pour les jeunes. En effet, qu'ils la pratiquent ou non, les jeunes ne considèrent pas la contraception comme un *péché*, alors qu'ils perçoivent (dans leur majorité) l'avortement comme un *meurtre*. Comment leur demander, ensuite, de prendre au sérieux l'enseignement de l'Église ?

On peut aussi rappeler ce qu'ajoutait Françoise Dolto à propos de son « Le pape fait son travail, il dit les lois » : « Il permet ainsi à chacun de devenir autonome en lui désobéissant. »

Après le sigle IVG, celui de FIV nous est devenu familier, en attendant que le terme de « procréatique » vienne désigner ce qu'on s'est empressé d'ériger en spécialité médicale. Les possibilités médicales d'apporter la fécondité à ces couples inféconds ont été sources de grandes joies et ont suscité d'immenses espoirs. La naissance de la première « fivette » a été saluée comme un événement de première importance, et c'est vrai qu'il l'était, ne serait-ce que d'un point de vue technique, avec tout ce que ce terme peut connoter de merveilleux (comme aussi de péjoratif).

Comment ne pas distinguer, là aussi, sans chinoiserie casuistique, deux éventualités fondamentalement différentes : FIV issues d'époux « légitimes » et FIV issues de l'ovule ou spermatozoïde de l'un des parents + ovule ou spermatozoïde *anonyme*. A moins de rejeter la biologie, ce qui serait ridicule, comment ne pas dire que le père ou la mère d'un enfant issu d'un ovule et d'un spermatozoïde donnés à une « banque » sont les donneurs et non le père ou la mère « légaux » ?

On peut approuver les banques, les dons de sperme et d'ovules, au nom de considérations philosophiques, humanistes, etc., mais cela ne change rien à la réalité. On peut les récuser si on considère (comme le chrétien) que paternité ou maternité représentent bien plus qu'une procréation.

L'Église – ou plus précisément sa hiérarchie – a pris position en rejetant tout en bloc. On peut l'en blâmer, et beaucoup ne s'en privent pas. On peut l'en féliciter (au risque de paraître rétrograde) puisqu'elle a préféré – pour une fois – plutôt que de se lancer dans une casuistique, rappeler la primauté du sens, c'est-à-dire le respect de l'humain et de l'amour. Mais cette primauté ridiculise dès lors la condamnation de la fécondation in vitro issue de couples mariés.

Je ne vois pas ce qui offense Dieu et la dignité humaine dans la possibilité donnée à deux époux légitimes privés d'enfant par une anomalie physiologique (une trompe de Fallope obstruée, par exemple) de procréer (leur destin naturel), sous prétexte que la réunion de leurs gamètes se fait dans une éprouvette. Les six cent cinquante bébés voulus par leurs parents inféconds et conçus en éprouvette au laboratoire de fécondation in vitro du CHR de Montpellier ne seraient-ils pas « les enfants du Bon Dieu »?

Pourquoi serait contraire à la morale cette procréation sans connexion totale avec l'union sexuelle? Si l'on en croit des théologiens et moralistes parmi les plus avertis, rien, d'un point de vue théologique, philosophique ou scientifique, ne justifie la position romaine.

C'est au contraire un « plus » pour la dignité de l'être humain que cette possibilité due à son ingéniosité (issue de son Créateur) et mise au service d'un amour accompli dans le fruit qu'est l'enfant. Peut-on argumenter au nom des fameuses « lois de la Nature » contrariées? Qu'est-ce que la Nature? Ce qui est favorable à l'homme? Et ce qui lui est défavorable? Les séismes, cyclones, épidémies et autres cancers ne sont-ils pas « naturels »? On s'accordera cependant à dire qu'il faut lutter contre les séismes alors qu'il n'est pas évident de lutter contre la fécondité...

Certains, attachés à justifier à tout prix la position de l'Église catholique, nous disent : « Où en serait-on aujourd'hui si l'Église n'avait pas été intransigeante par le passé? » Peut-être. Mais que faites-vous du désarroi de nombreux chrétiens authentiques! Celui de ces médecins exerçant depuis vingt-cinq ans dans un hôpital « catholique », qui ont dû renoncer à une pratique à laquelle ils ont adhéré et que leur conscience ne réprouve pas! Le Dr Chartier, qui a choisi de quitter la maternité parisienne de Notre-Dame-du-Bon-Secours, n'était pas n'importe qui : il avait, de longues années durant, réfléchi avec le cardinal Suenens, l'abbé Marc Oraison et beaucoup d'autres à ces questions. Quelle déchirure d'en arriver à démissionner pour satisfaire au magistère romain d'une Église à laquelle on est profondément attaché et qu'on n'a cessé de servir fidèlement! D'autres maternités, administrées par la hiérarchie catholique, sont ainsi placées en position difficile.

Et le Vatican n'a pas assoupli sa position avec le temps, puisque *L'Osservatore romano* a accusé de « très grave rébellion » contre la doctrine morale de l'Église les universités catholiques de Lille, Nimègue et Louvain, qui continuent à pratiquer la fécondation in vitro pour époux légitimes.

Le cardinal Decourtray vient au secours du Vatican et de *Donum Vitæ* [1]. Son argumentation? Elle revient à dire que l'autorité de cette instruction « tient à la responsabilité magistérielle du pape [...]. Les catholiques doivent faire confiance à leur pasteur. L'Église ne les égare pas ».

Si respectueux soit-on de ladite Église et de sa hiérarchie, cette réponse ressemble plus au « c'est comme ça parce que c'est comme ça » qu'on lâche parfois, à court d'explication, aux enfants et aux militaires qu'à une parole pour adultes appelés par Dieu à la liberté.

« La construction moraliste que l'Église a bâtie au long des siècles autour de la sexualité, écrit Robert Serrou [2], est comme un château de cartes, explique un éminent moraliste. Si la hiérarchie touche à une seule de ces cartes, tout s'effondre, et c'est bien pour cela qu'elle résiste de toutes ses forces. La hiérarchie catholique est donc mise au pied du mur par une partie de ses fidèles et, parmi eux, par d'authentiques scientifiques qui ne voient dans l'attitude de l'Église que le reflet d'une doctrine morte. Le choc qui risque fort de faire vaciller tout l'édifice viendra des femmes. Car elles mettront en question le concept même de la hiérarchie catholique, réservé jusqu'ici aux hommes et aux célibataires. »

1. *Le Monde*, 7 février 1988.
2. *Paris-Match*, 4 mars 1988.

« Il y a vingt ans, poursuit Robert Serrou, l'Église a perdu une bataille : celle de la pilule. Aujourd'hui, pour une affaire d'éprouvette, elle met à rude épreuve sa crédibilité. Alors qu'il s'agit de bien autre chose. De l'histoire la plus extraordinaire qui soit entre un homme et une femme. Une histoire d'amour. »

Rejeter tout est certainement un signe de fermeté qui, évitant la casuistique, évite toute discussion; rassurant, par conséquent. Mais rejeter en bloc toute la question conduit à assimiler les terres arides à la bonne terre, et le bon grain à l'ivraie.

Il me semble, pour ma part, qu'en acceptant de se départir de ses rigidités (je veux dire pour l'accessoire) l'Église serait mieux entendue (sur l'essentiel), en particulier des jeunes. Entendue en particulier sur les différences qu'elle fait entre le *haïssable* (avortement), le *possible* (contraception) et le *souhaitable* (acceptation d'une fécondité plus large, chasteté, etc.). Pourquoi ne pas dire, d'ailleurs, que derrière la « façade » rigide des positions officielles, les interrogations intimes et internes de l'épiscopat sont tellement plus « humaines »?

Ces considérations étant précisées, on pourrait proposer aux jeunes de passer de l'angoisse à l'amour. Les ravages des maladies sexuellement transmissibles, qui accentuent l'angoisse des jeunes (le chômage et le sida!), sont pour eux l'opportunité de comprendre mieux la véritable nature de leur sexualité.

Une brochure du Comité d'éducation pour la santé présente ainsi aux jeunes les choix possibles : pas de partenaire : pas de MST. Peu de partenaires : peu de MST et peu de stérilités. Beaucoup de partenaires : beaucoup de MST et beaucoup de stérilités définitives. Mais la brochure oublie de mentionner la dernière éventualité trop souvent considérée comme exceptionnelle : un partenaire, dans la fidélité = pas de MST et pas de risque de stérilité définitive.

Bien au-delà des brochures d'information que comités de santé et mutuelles proposent largement, l'Église et les chrétiens, situés sur un tout autre plan, ont l'opportunité de rappeler, aux parents l'importance d'éduquer à la *relation affective*, et aux jeunes l'importance de comprendre le sens d'*aimer* et d'*être aimé*. Il n'appartient pas à l'Église de proposer des recettes, mais d'inviter à réfléchir, encore une fois, au sens.

Vente libre des seringues, préservatifs dans les lycées et bars-tabacs (mesures certes importantes d'un point de vue épidémiologique) ne sont que de misérables pis-aller. Le Conseil permanent de l'épiscopat français souligne que encourager la liberté sexuelle par la protection des préservatifs n'ouvre pas le chemin vers la vie et l'amour.

Le sida, pas plus que n'importe quel autre fléau, n'est un châtiment de Dieu, car rien n'autorise à imaginer un Dieu punisseur. Mais il peut être perçu comme un « signal d'alarme » pour une société qui a perdu ses « références éthiques », notamment dans le domaine des relations entre les personnes : « La soi-disant libération sexuelle a laissé croire que la sexualité pouvait se vivre sans véritable amour [...]. Toute société humaine court à sa perte si les relations humaines sont vécues seulement à travers des relations éphémères. La montée des solitudes, les échecs affectifs et leurs cortèges d'agressivités n'en sont-ils pas le signe ? [...] Sans amour et sans fidélité, l'existence humaine ne peut réellement s'épanouir. »

C'est pourquoi les médecins en général et les médecins chrétiens en particulier ne sauraient rester extérieurs au débat. S'ils doivent réfuter le mensonge et la peur suscités par certaines thèses, ils ne sauraient non plus se limiter à proposer des moyens de prévention. Une fois de plus, se trouve posée la question du sens : la prévention pour le sexe ne remplace pas l'éducation à l'amour et à la vie conjugale.

Que signifie la formule « le don du sperme et d'ovule doit impérativement avoir un objectif thérapeutique, celui de remède à la stérilité d'un couple » ?

La stérilité est-elle une maladie ?

Aujourd'hui où l'on a tous les droits (y compris celui au baccalauréat pour tous), pourquoi pas le droit à l'enfant ?

(à la condition qu'on lui reconnaisse le droit – légitime – d'être élevé par ses deux parents).

Mais le chrétien, lui, est confronté à une autre interrogation.

Alors que la majorité de l'humanité souffre d'un sous-développement chronique, que signifient nos centres de procréation assistée? La vision d'enfants faméliques ne remplace pas, il est vrai, la frustration d'une infécondité, et notre rage de dents nous a toujours bien plus préoccupés que la souffrance des torturés. J'écris cela pour souligner que l'infécondité féminine est probablement douloureuse à assumer, voire dramatique. Mais là aussi devrait être distingué le *manque* (vocation d'une femme à enfanter) et la *frustration* (vécu douloureux de ce manque jusqu'à la psychose).

De la même façon qu'à partir de cette infécondité des femmes s'arrêtent, se bloquent définitivement sur ce manque, d'autres, privées de l'enfant, découvrent d'autres champs de fécondité et en tirent leur bonheur de vivre.

Le « droit à l'enfant » des inféconds, la recherche et l'argent qu'elle nécessite ont de quoi interpeller par rapport aux enfants éthiopiens faméliques. Mais à quoi bon s'interroger? Le choix est déjà fait! Je ne veux pas dire ici qu'il revient aux couples stériles, et à eux seuls, de soulager la misère du monde tandis que les couples féconds, occupés à nourrir leurs enfants, auraient le droit de s'en désintéresser. Je veux dire que tout en m'associant à leur épreuve, je demeure perplexe lorsque je vois des couples faire la grève de la faim, écrire au président de la République ou pleurer à la télévision parce qu'on ne leur envoie pas « leur » enfant adopté.

VI

CHAIR DE DIEU GLORIEUSE

La chair de l'homme, issue de la chair glorieuse de Dieu, est éminemment respectable. La science, merveille de Dieu issue de sa créature, est destinée à la glorification de l'homme et non à son rabaissement. A partir de ce postulat de base, la rapidité de l'évolution scientifique complique le jugement. Je veux dire que les sciences vont désormais plus vite que les capacités d'adaptation et de maîtrise de l'homme. Une éthique pour notre temps doit donc associer le respect de la personne dans tous ses états à celui des progrès de la connaissance.

Ayant souligné ce qui, dans la doctrine de l'Église en matière de procréation, m'apparaît comme un contresens, je suis d'autant plus à l'aise pour souligner le caractère hautement positif de sa mise en garde contre toutes *déviations*.

Car si importantes soient-elles, les notions d'éthique ou de morale sont devenues insuffisantes. L'éthique, souligne J. Testard, est « devenue une morale atomisée » qui distingue « un panier pour chacun des petits, alors que la marmaille est d'une unique couvée ». Il faudrait certes distinguer ici les domaines philosophique, anthropologique, religieux, etc. Je me place ici du point de vue de l'humanisme.

Des médecins, prêtres ou juristes en sont encore à trier bonnes et mauvaises découvertes, celles qu'on mettrait tout de suite en usage et celles qu'on laisserait en réserve, « au cas où ». « C'est négliger, continue J. Testard, que les bêtes les plus étranges, chimères, monstres atypiques, extraterrestres, exercent sur nous les plus grandes séductions, et que ces bêtes, même au rebut, continueront par leurs copulations imprévisibles d'élargir l'inventaire du bestiaire. C'est aussi oublier l'effort énorme que les hommes ont partagé pour peupler le sable vierge de créatures sans emploi. »

Évitons donc de nous laisser enfermer dans le jugement a posteriori. C'est désormais en amont de la techno-science qu'il faut se situer. Car l'essentiel est plus que jamais la question du sens et du projet par rapport à *l'humain*.

Pourquoi mobiliser de plus en plus d'énergie pour des inventions qui non seulement ne grandissent pas le genre humain, mais risquent de le détruire? Et pourquoi sacrifier autant à l'idéologie du progrès, ou plutôt assimiler le bonheur humain à ce progrès, alors que la relation entre les deux ne saurait être linéaire?

Notre efficacité s'est accrue à un rythme si inattendu que nous sommes effarés de notre pouvoir sur nous-mêmes, un pouvoir qui risque d'être aussi maléfique que bénéfique. L'idée qu'on pourra aisément séparer les moyens et les fins de la techno-science, de la recherche et de ses découvertes est une pure chimère.

Castoriadis [1] rappelle l'histoire de Rutherford, l'un des plus grands physiciens du siècle, qui qualifiait la possibilité d'exploiter la puissance atomique de « conte à dormir debout ». « La techno-science, constate Castoriadis, est devenue autonome. Elle n'est plus ni contrôlée ni dirigée par des scientifiques ou des politiques. Seul, un homme nouveau, enfin sage, serait à même de la contrôler. » Car il est faux, souligne-t-il, de croire que les avancées de la techno-science pourront ne pas être utilisées. « Ce qui est techniquement faisable sera fait, sans égard pour aucune considération. » Les transplantations d'embryons, les fécondations in vitro, les prélèvements sur les fœtus ont été réalisés dès qu'ils ont été techniquement possibles.

Toute découverte évolue vers son application. Et le responsable n'en est pas le plombier du coin, mais les spécialistes de haut niveau (qui n'ont pas l'excuse – qu'on pourrait accorder au plombier – d'ignorer la référence à l'éthique).

1. Castoriadis, *Les scientifiques parlent...*, Hachette, 1987.

Les armes chimiques sont fabriquées par les chimistes, les bombes atomiques par des physiciens, les bombes hormonales par des endocrinologues et, plus récemment, les mutations génétiques de virus assez résistants pour ravager la planète par des généticiens. Lorsque le KGB a besoin de psychiatres pour justifier les goulags, il les trouve, de la même façon que tous les tortionnaires du monde ont trouvé des médecins pour maintenir en vie l'opposant qu'ils voulaient faire parler.

A l'initiative de J. Testard, un groupe de scientifiques (auquel je m'honore de participer) a publié un manifeste [1] que le chrétien, qu'il soit ou non scientifique, ne saurait, me semble-t-il, récuser.

Il y a *deux révolutions pour l'homme* et ces deux sortes de révolution peuvent à la fois magnifier et détruire l'ascendance divine et le destin glorieux de l'homme : d'abord, la *révolution thérapeutique* (qui concerne médecins et malades). Le traitement des maladies a fait plus de progrès en ces cinquante dernières années que dans les cinq cents précédentes. Et voici quelques exemples de problèmes issus de cette fantastique évolution.

L'expertise des *médicaments nouveaux* exige des tests sur volontaires sains. Le choix de ces volontaires doit respecter une éthique.Celle-ci impose de récuser : les aliénés ou les détenus qui participeraient aux essais pour obtenir une rémission de peine ; les volontaires qui deviendraient des professionnels de ces essais thérapeutiques, comme on l'a vu dans un pays européen, où ont été ainsi « fonctionnarisés » et mensualisés des volontaires sains dont l'expertise de médicaments est devenue une profession.

Les volontaires d'essais médicamenteux, autant que les malades auxquels ils seront ensuite proposés, doivent être « éclairés » sur le but de l'essai du médicament, ses avantages et inconvénients possibles, qui ne sont encore connus que chez l'animal.

Ce « consentement éclairé » est à la fois indispensable et délicat à appliquer en pratique. Il n'est en effet aucun médicament vraiment efficace qui n'ait d'effet secondaire

1. *Le Monde*, 19 mars 1988.

potentiel. Comment, dès lors, un volontaire sain ou un malade acceptera-t-il un médicament dont le protocole indique qu'il pourrait causer des accidents, parfois aussi sévères que des embolies et thromboses, une insuffisance cardiaque ou hépatique, etc.?

Le respect de l'être humain exige pourtant l'information des personnes car la non-observance de cette règle conduit à des « expertises sauvages », irrespectueuses de l'éthique. Qui menace qui en première ligne? Les enfants, les femmes enceintes, les vieillards et les aliénés!

L'alternative est claire par conséquent, comme chaque fois que l'on touche à l'humain. Ou bien on esquive l'humain parce qu'on procède par la contrainte ou à l'insu de la personne, et c'est « simple ». Ou bien on tient compte de l'humain pour expliquer, rassurer, convaincre, et c'est difficile. Mais l'exigence est là.

Les *impératifs économiques* représentent encore l'une des difficultés nées de la révolution thérapeutique. De plus en plus efficaces, les médicaments nouveaux et les techniques modernes de réanimation sont également toujours plus onéreux. Si riches soient-ils, les états ne pourront indéfiniment payer la croissance des coûts de santé. Des choix seront nécessaires, des décisions déchirantes devront être prises. A quel seuil de dépense stoppera-t-on les soins? Le calcul et l'application des « coûts standard » par type de maladie sont en marche. Un infarctus du myocarde coûte en France 150 000 F. Aux États-Unis, les assureurs estiment le prix de la vie à 700 000 F. Débranchera-t-on la réanimation au-delà de cette somme?

Les *dons d'organes* nécessaires aux transplantations posent, on le sait, d'autres problèmes éthiques. Le Comité national d'éthique français a pris pour règle, en ce domaine, de refuser tout ce qui consisterait à faire commerce du corps humain. Et il faut l'en féliciter lorsqu'on sait les dérapages que la non-observance de cette règle occasionne, même dans des pays pourtant « très éthiques » comme la Grande-Bretagne. On a vu récemment dans ce pays des Turcs, « recrutés » dans leur pays parmi les plus pauvres, venir y donner, moyennant paiement en voyage et en espèces, l'un de leurs reins, qui était greffé incognito sur un receveur assez riche pour payer la facture.

Pour éviter que les « chasseurs d'organes » ne se livrent à un abominable trafic de marchés, il est donc indispensable que la gratuité des dons d'organes soit absolument et définitivement établie, comme l'a demandé la Société internationale de transplantation à La Haye : « La vente d'organes de donneurs vivants ou morts est inacceptable, en quelque circonstance que ce soit. »

De même que la générosité ne se monnaie pas, le consentement éclairé des volontaires sains disposés à faire don d'un organe est également indispensable, comme l'a rappelé récemment, dans *Le Monde,* le Pr J. Hamburger, qui avait tenu, dès les premières greffes de rein, à éclairer très précisément les volontaires donneurs. Certaines situations n'en sont pas moins délicates. Comme celle d'un enfant sollicité pour un don de moelle osseuse à son frère atteint de leucémie, par exemple. Aux États-Unis, c'est un magistrat, dénommé « child advocate », qui décide si l'enfant se trouve en état d'accepter ou de refuser ce don de moelle.

Les problèmes chirurgicaux de la greffe d'organe et le médicament faisant tolérer le greffon par le receveur (Cyclosporine) étant résolus, la difficulté réside désormais dans le manque de donneurs. Les listes d'attente de malades dont la vie pourrait être sauvée par une transplantation demeurent trop longues.

Les chrétiens se devraient de favoriser la générosité de ces dons d'organes, de la même façon qu'ils participent à d'autres entreprises caritatives. Faire de la vie avec de la mort (dons de cœur, de poumon, de foie), ou partager de la vie avec son frère malade (dons de sang et de moelle osseuse), cela devrait « parler » aux croyants.

La seconde *révolution* pour l'homme est liée à la connaissance de plus en plus précise de la *biologie moléculaire,* c'est-à-dire des mécanismes intimes du vivant, et à la possibilité qui en résulte de les influencer. De là, comme le souligne mon maître et ami le Pr Jean Bernard, sont nées trois possibilités, a priori merveilleuses, mais grevées du risque de dérapages : la maîtrise de la reproduction; la maîtrise de l'hérédité et de la génétique; la maîtrise du cerveau et du système nerveux.

La *maîtrise de la reproduction* est déjà acquise dans une certaine mesure par le biais de la contraception. Mais la vaccination abortive comporte le risque singulier d'abus désastreux pour la dignité humaine, si certains esprits fous se laissaient aller à des tentations d'eugénisme. On imagine aisément un dictateur qui déciderait un jour de « vacciner » toutes les femmes de telle race, espèce, condition, etc.

La procréatique comporte, elle aussi, ses interrogations. Si la première « fivette » française a été supervisée et accompagnée par une équipe médicale, c'est un chercheur (remarquable) qui avait fait ses preuves dans la fécondation vétérinaire qui a réussi cette « première ». J. Testard a eu ensuite le mérite, plutôt que d'en tirer une sotte vanité, d'attirer l'éclairage médiatique de l'événement vers une nécessaire mise en garde. Dans son excellent ouvrage [1], ce non-médecin, non-croyant, nous appelle à la vigilance. Attention, nous dit-il, les barrières ne sont plus techniques, car tout est, ou sera, techniquement possible.

Les vrais problèmes sont donc ceux du sens que l'être humain veut donner à sa fonction de procréation.

La *maîtrise de l'hérédité et de la génétique* est fondée sur la possibilité actuelle d'une médecine prédictive. Celle-ci procède de la connaissance de plus en plus détaillée de la structure des chromosomes et de la localisation en leur sein de tel ou tel caractère prédisposant à telle ou telle maladie.

Le génie génétique, science qui modifie le patrimoine génétique, est intéressant scientifiquement et industriellement. Mais parti du colibacille, il en est aujourd'hui à l'homme. Une perspective passionnante et merveilleuse s'ouvre dans la correction des gènes porteurs de maladies. On voit cependant les déviations et atteintes possibles à la liberté et à la dignité humaines. Voici trois exemples : « Si la correction d'une cellule somatique (ne participant donc

1. J. Testard, *l'Oeuf transparent*. Flammarion, coll. « Champs », 1986.

pas à la reproduction) est parfaitement éthique et s'assimile à une greffe thérapeutique, écrit le Pr Jean Dausset [1], prix Nobel de médecine, il nous paraît très dangereux d'autoriser les modifications du patrimoine héréditaire de l'humanité par l'introduction de gènes humains ou animaux dans les cellules reproductrices ou dans de très jeunes embryons humains. Dans l'état actuel de nos connaissances, nous aurions bien plus de chances de détériorer que d'améliorer notre espèce. » Jean Dausset conclut en appelant les autorités responsables à « ne pas laisser ouverte la porte à une forme de faux eugénisme dont nous avons toute raison de craindre les abus ».

Deux autres conséquences terrifiantes : faudra-t-il alors détruire les embryons découverts porteurs d'une tare? Certaines firmes japonaises demandent déjà un groupage HLA avant d'embaucher un employé pour voir s'il n'est pas prédisposé à telle ou telle maladie.

Le Conseil de l'Europe a publié sur ce sujet des recommandations suffisamment éloquentes pour être inquiétantes, car la liste des déviations ou manipulations indésirables contenues dans son texte « Manipulations et déviations génétiques » [2] donne une idée de ce qui pourrait se produire, demain, si ces expérimentations n'étaient pas conduites dans un cadre législatif rigoureux.

Les députés européens invitent les gouvernements et États membres du Conseil de l'Europe à interdire : la création d'êtres humains identiques par clonage ou par d'autres méthodes à des fins de sélection de la race ou non; l'implantation d'un embryon humain dans l'utérus d'une autre espèce, ou l'opération inverse; la fusion de gamètes humains avec ceux d'une autre espèce; la création d'embryons avec du sperme d'individus différents; la fusion d'embryons ou toute autre opération susceptible de réaliser des chimères; l'ectogenèse, c'est-à-dire la production d'un être humain en laboratoire en dehors de l'utérus d'une femme; la création d'enfants de personnes du même sexe; le choix du sexe par manipulation génétique à des fins non thérapeutiques; la création de jumeaux iden-

1. *Pour la science*, n° 135, janvier 1989.
2. F. Nouchi, *Le Monde*, 26 septembre 1986.

tiques; la recherche sur des embryons viables; l'expérimentation sur des embryons vivants, viables ou non.

D'une manière générale, estime ensuite le texte, toute intervention sur l'embryon ou le fœtus vivant (in utero ou in vitro) n'est légitimée que par le bien-être de l'enfant à naître. Maintenir en survie artificielle des embryons dans le seul but d'obtenir des prélèvements utilisables n'est pas admissible.

L'utilisation d'embryons ou de fœtus morts doit d'ailleurs, selon le texte, revêtir un caractère exceptionnel, essentiellement justifié par la rareté des maladies ainsi traitées, et respecter les règles suivantes : la décision et les conditions (date, technique) de l'interruption de grossesse ne doivent en aucun cas être influencées par l'utilisation ultérieure de l'embryon ou du fœtus; une totale indépendance doit être garantie entre l'équipe qui procède à l'interruption de grossesse et l'équipe susceptible d'utiliser les embryons et les fœtus à des fins thérapeutiques; l'utilisation ne peut avoir lieu sans le consentement des parents ou des donneurs de gamètes; l'utilisation des embryons, des fœtus ou de leurs tissus ne peut être faite dans un but lucratif et donner lieu à rémunération.

Si de telles pratiques sont « déconseillées », c'est probablement parce qu'elles sont (ou seront) envisagées par certains (pourquoi, sinon, les déconseiller!).

Autre risque : on savait depuis longtemps que quelques milligrammes d'extraits hormonaux pouvaient transformer radicalement le développement, la morphologie et le comportement humains. Le risque est donc sérieux que des substances modifiant le système nerveux puissent être largement diffusées, et éventuellement, pourquoi pas, à l'insu des personnes?

Après avoir évoqué les dangers potentiels, dénonçons trois erreurs à éviter : celle de la peur d'abord, car si la prudence est nécessaire, elle ne doit pas, ici plus qu'ailleurs, céder à la *peur*.

« N'ayez pas peur! », répète Jean-Paul II. *Il faut faire confiance à l'homme*. Si certaines découvertes donnent le frisson, on peut constater que l'homme a, jusqu'à présent, toujours été assez raisonnable pour les maîtriser ensuite. Il y a eu Hiroshima, il y a des stocks de bombes suffisants pour faire exploser la planète, mais il y a aussi la précieuse utilisation domestique de l'énergie nucléaire! L'évolution de l'homme est aussi caractérisée par la maîtrise de ses peurs qui laisse davantage de champ aux réflexions de sa conscience.

Le reproche d'obscurantisme qui ferait traiter d'attardés les individus assez audacieux pour s'opposer au progrès de la sacro-sainte science est tout aussi répréhensible. Il ne s'agit évidemment pas de cela. Il s'agit d'affirmer qu'au nom de la science on ne peut pas faire n'importe quoi : c'est la science qui est au service de l'homme, et non l'inverse.

A ces deux premières erreurs pourraient correspondre deux types caricaturaux de chercheurs : ceux qui travailleraient et publieraient leurs découvertes en se désintéressant complètement des applications possibles ; ceux qui, incapables de supporter le vertige des applications, décideraient : « J'arrête tout. » Il est heureusement un troisième type de chercheur, de plus en plus fréquent : celui qui, conscient des répercussions de ses découvertes, s'attache à en maîtriser les applications.

La troisième erreur tend à mettre la science au service d'un *culte frénétique des normes*. La maîtrise grandissante de l'homme sur lui-même – partie intégrante de la mission de continuer la création que Dieu lui a confiée – comporte un risque de déviation, celui du culte de la norme. Nous savons en Europe – malheureusement, par expérience – où il a pu mener, par le passé. Il a conduit à cultiver les grands et forts (d'une « race aryenne ») et à éliminer les faibles, handicapés, minoritaires ou d'origine incertaine. Comme s'il y avait des hommes et des sous-hommes...

Certaines infirmités congénitales sont évidemment terribles à assumer, autant par ceux qui en sont atteints que par leur famille. Mais pourquoi et comment « légiférer » ? Comment faire entrer dans des décrets de loi des situations éminemment individuelles ? On sait où cela pourrait commencer, mais où s'arrêter ?

Demander une loi autorisant à supprimer les nouveau-nés atteints d'infirmités inguérissables dans les trois jours suivant leur naissance est une démarche pour le moins hasardeuse. Pourquoi faudrait-il « naître pour mourir ? », comme on l'a demandé à propos de cette « euthanasie » des bébés handicapés.

Car je vois, ici encore, le législateur et ses solliciteurs se décharger – une fois de plus –, grâce à une casuistique compliquée, sur la médecine et ses médecins des « sales besognes » qui n'ont rien à voir avec sa mission. Ce qui leur permettrait simultanément de se délivrer de l'insupportable des enfants anormaux et de la responsabilité de l'acte lui-même.

Il faut évidemment se garder des assimilations abusives : parler d'euthanasie ou évoquer Hitler, à ce sujet, est une déformation malhonnête de la bonne foi de gens de bonne volonté. Qui oserait en outre jeter la première pierre à des hommes et femmes animés de leur compassion devant l'horrible ? Mais déclarer, comme le sénateur Caillavet, que « celui qui donne la vie a le droit de la retirer » manque pour le moins de nuances. Si chacun s'accorde sur la nécessité d'« une vie digne d'être vécue », qui décidera de la dignité (ou de l'indignité) d'une vie ?

Avortement, ou plutôt IVG, eugénisme, euthanasie, ne risque-t-on pas là, animé des meilleures intentions, de boucler la boucle du cercle vicieux où conduit le non-respect de la vie ?

Dans un état de droit comme la France, morale et éthique individuelles ne suffisent plus à la formidable avancée scientifique. Un cadre législatif est nécessaire.

Un groupe de travail du Conseil d'État a rédigé un premier rapport demandé par M. Chirac, intitulé : « Sciences de la vie : de l'éthique au droit [1]. « La morale courante et le droit positif, interrogent les rapporteurs, sont-ils suffisants pour assurer le bon usage des nouvelles techniques, ou celles-ci appellent-elles des règles nouvelles ? Il est apparu que l'éthique, qui demeure évidemment nécessaire, ne suffit. »

L'esprit du rapport était précisé dès l'introduction :

1. Documentation française, 1988.

« L'intérêt individuel n'est plus celui de l'homme en tant que citoyen, mais bien de l'homme, être de chair et de sang. On ne peut donc éviter de soulever la question de savoir s'il existe une idée juridique de l'homme à la fin du xxᵉ siècle, de l'homme dans sa globalité. »

Le texte du rapport constatait que « l'appropriation de la nature » étant « en route », « il paraît de plus en plus difficile de défendre l'idée selon laquelle le corps, inséparable de la personne, est hors commerce ».

Les conclusions du rapport, enfin, fondées sur les directives internationales, les résolutions du Conseil de l'Europe, ainsi que les avis du Comité consultatif national d'éthique, s'affirmaient fidèles au droit français : indivisibilité du « corps » et de l' « esprit », inviolabilité du corps, indisponibilité de ce dernier (le corps ne peut faire l'objet de commerce).

L'originalité de ce texte ne résidait pas dans l'adhésion à des principes déjà admis (dignité de la personne, consentement du sujet), mais dans leur application juridique, respectant par exemple, pour les dons d'organes, la gratuité, la finalité thérapeutique, l'anonymat.

Parmi les cent cinquante propositions de ce rapport, on retenait particulièrement : l'autorisation de l'expérimentation sur l'homme consentant, qui ne soit ni un détenu ni un invalide après agrément du Comité d'éthique ; le don d'organes, autorisé par le consentement libre, éclairé et écrit du donneur, est permis et gratuit ; le diagnostic prénatal, à la condition de ne pas conduire aux manipulations génétiques (modification du génome, clonage, chimères, parthénogenèse) ou à un quelconque eugénisme, est autorisé après avis du Comité d'éthique ; la conservation in vitro d'embryon : pas plus de 14 jours, d'embryons congelés : pas plus de 5 ans, pas d'utilisation à des fins industrielles ou commerciales ; les dons de sperme et d'ovules gratuits et anonymes, autorisés après consentement des donneurs, dans un objectif thérapeutique, dans des centres agréés à statut légal.

Le chrétien pouvait souscrire largement aux prises de position du Conseil d'État. Hormis à celles qui traitent de la procréatique. Car elle passe par là, la ligne de partage entre sa vision de l'homme et celle qui a fait dire au porte-parole du groupe de travail, M. Marceau Long, que le rapport était « une démarche d'un très grand humanisme et d'un humanisme peut-être athée ».

Un nouveau groupe de travail interdisciplinaire, sollicité par Michel Rocard et mis en place par les ministres de la Justice et de la Santé, a élaboré un projet de loi fixant des limites éthiques aux techniques biomédicales. Il commence par rappeler, dans son titre I, que « les lois relatives au corps humain garantissent la dignité de la personne » et indique, dans ses cinq autres titres, les dispositions relatives au diagnostic prénatal, aux comités d'éthique, aux prélèvements d'organes, à la procréation médicalement assistée et aux registres épidémiologiques.

Il faut que ce projet de loi, éventuellement amendé, devienne rapidement effectif, car il est profondément anormal qu'au moment où sont fêtés Révolution française et droits de l'homme certains respects essentiels de la dignité humaine ne soient pas proclamés et défendus.

« Pourquoi le christianisme ne passe pas la rampe ? » demandait, comme on le fait en termes de spectacle, le père Cardonnel dans les années soixante. Chacun a répondu selon ses analyses et sa sensibilité. Beaucoup ont pensé que l'Église n'était pas suffisamment insérée dans le tissu « social » de son époque (ce qui n'était pas faux), et en ont tiré les conséquences. Cela n'a pas empêché le christianisme de passer, durant ces trois décades, d'une religion de masse à une religion de minorité ou, pour faire bref, de la quantité à la qualité des croyants. De passer, en réalité, d'une *religion* à une *foi*.

Il n'en est pas moins vrai qu'hormis d'heureuses exceptions les églises se sont vidées au profit des « lieux de prière » et que les assemblées sont plus peuplées de personnes âgées que de jeunes. Si je reprends aujourd'hui l'interrogation du père Cardonnel au sujet des jeunes, nombreuses pourraient être les réponses.

Voici l'une d'entre elles. Il n'est pas question d'inviter les jeunes à la facilité (la vie et ses difficultés actuelles pour leur avenir se chargeraient d'ailleurs de les détromper). Mais peut-être qu'à trop se défier de la chair et du corps, c'est-à-dire de l'être et de son désir, on a favorisé le culte païen. Je veux dire qu'on a peut-être facilité ce mouvement de balancier extrême qui a conduit aujourd'hui à la paganisation de la chair, jusqu'à ce matérialisme athée qui envahit l'Occident.

Vous avez sûrement vu, en photo ou à la télévision, ces hommes ou femmes qui consacrent l'énergie d'une bonne partie de leur vie à développer leurs muscles. Cette « gonflette » est l'exact antipode du refus névrotique de la chair, les deux extrêmes d'un même mépris de l'humain, alors que la chair devrait être *sanctifiée*.

L'Église doit donc, sans se lasser, tenir aux jeunes le langage du Dieu-homme, sans dichotomie ni antagonisme, si elle ne veut pas subir l'homme-Dieu. Paul VI ne disait-il pas dans son discours de clôture de Vatican II (7 décembre 1965) : « Une sympathie sans borne pour l'homme a envahi le concile tout entier. La religion et la vie humaine ont réaffirmé leur alliance et leurs convergences vers une seule réalité humaine, car la religion catholique est pour l'humanité [...]. Nous aussi, nous plus que quiconque, nous avons le culte de l'homme. »

Pourquoi, dès lors, n'est-ce pas toujours aussi évident dans les prises de position officielles de celle qui se voulait, après Vatican II, « experte en humanité » ? Pourquoi ne pas illustrer dans les faits cette convergence vers la « seule réalité humaine » ?

Notre foi, n'est-elle pas celle de l'Incarnation et de la Résurrection ? Pourquoi avoir, dès lors, déprécié autant le corps ? Célébrons le « culte de l'homme ».

Le péché est, me semble-t-il, à la fois une terrible et douloureuse réalité, mais aussi une absurdité si on ne le considère qu'à travers des notions de bien et de mal, et surtout de morale.

La morale est à la fois essentielle si elle fait référence à l'être (et, pour le croyant, à Dieu), et illusion comme règle d'une collectivité. Ma défiance à son égard est à la mesure de ma déception, depuis que je la vois adaptée, selon les besoins, aux plus ignobles perversions. Après Auschwitz, le goulag et les idéologies totalitaires, qui nous fera croire encore à la « morale » ?

Je pense à la « Moraline » de Camus. A certains qui lui reprochaient l'immoralité ou l'amoralité de son roman *l'Étranger,* il répliqua : « *La Moraline* sévit [...]. Trois ans pour faire un livre, cinq lignes pour le ridiculiser. »

Je pense aussi à mes réponses aux consultantes redoutant une énième grossesse, durant mon premier remplacement de médecin. C'était l'époque où de nombreux pasteurs, protestants ou catholiques, « découvraient » la sexualité, je veux dire commençaient à en disserter. Des pères jésuites expliquaient aux couples la méthode de contraception par la mesure des températures. La distinction entre plaisir du couple et fécondité n'étant pas admise, l'acte sexuel devait toujours conserver la potentialité d'une fécondation et on poussait le ridicule jusqu'à tolérer l'usage des préservatifs à la condition qu'ils soient percés d'un orifice !

Et à ces femmes d'un dispensaire qui n'étaient pas des bourgeoises aisées, mais des mères de famille nombreuse en difficulté, je récitais la leçon qu'on m'avait apprise. Je pense à des épouses de chauffeur routier, déjà mères de cinq ou six enfants, et dont le mari ne rentrait que le week-end, auxquelles je conseillais de surveiller leur température ! Le ridicule me ferait rire aujourd'hui, si ce n'était la tristesse d'avoir entériné pareilles sottises.

Le péché n'est donc pas là où on le croit, où on l'attend. Le péché a pour synonyme, non pas la culpabilité (comme on l'a trop longtemps présenté), mais l'indigence. Il consiste à dépenser plus de temps et d'énergie à ce qui n'est pas de Dieu qu'à Dieu lui-même. « Le péché, c'est l'enchosement », disait Joseph Delteil. Le péché, c'est le stigmate de la liberté donnée par Dieu à ses enfants, mais d'une liberté déviée de son but pour la consacrer à un vide dont résulte ma misère dans l'humain et ma distance de Dieu.

L'être humain est appelé par Dieu à la grandeur, à la transcendance, à la noblesse. Or il passe le plus clair de sa vie à s'éloigner, à se distraire de cet appel à la grandeur. Il stagne dans la médiocrité, dans le refus de lucidité, dans les choses de la vie végétative. Alors qu'il est appelé à créer, à aimer et à aimer jusqu'à l'extrême nord de l'humain, c'est-à-dire d'une conscience de plus en plus vive, en totalité et vérité.

Aimer en vérité, c'est discerner chez l'Autre tout ce qui, dans mon comportement vis-à-vis de lui, le grandira davantage. Et, par là, le fera accéder au bonheur. Un bonheur global. Car mettre en pratique les enseignements de la foi conduit au bonheur. Non pas le bonheur plus tard, « au ciel », mais *ici* et *maintenant*. Tout de suite, comme disent nos jeunes impatients.

La pratique des vertus évangéliques nous aide (en prévenant les maladies, par exemple) à maîtriser nos peurs et tensions autrement que : - *par l'alcool*, qui dégrade personnalité et santé (cirrhoses, cancers digestifs). « L'alcool a été fait pour supporter le vide de l'univers, écrit Marguerite Duras. L'alcool est stérile, il ne remplace rien, il ne console en rien, il ne remplace que le manque de Dieu »; - *par le tabac*, responsable d'artérites et de cancers. Pourquoi téter sa mort à petits coups ? ; - et *par les drogues*, au sens propre et figuré (médicaments de toutes sortes absorbés toute une vie durant). La plupart des tranquillisants, somnifères, modificateurs des fonctions digestives, induisent la sécrétion de prolactine, hormone capable de favoriser l'induction de cancers. Je ne dis pas que ces médicaments sont cancérigènes, mais qu'ils peuvent, au long cours, en favoriser le terrain. Et je frémis lorsque je pense aux tonnes de médicaments de ce type absorbées par les Français, y compris des enfants, dès leurs premières années pour les « tenir tranquilles » ou leur donner de l'appétit.

Autre dérivatif illusoire : *le culte du corps,* avec des « régimes » souvent insensés alors qu'une alimentation équilibrée évite obésité, artériosclérose, cancers digestifs; avec le « bronzage », qui favorise mélanomes et cancers de la peau; avec des hormones, pilules, implants, etc., pas toujours indispensables, mais jamais innocents.

Bien différente de cette idolâtrie païenne du corps, qui a conduit à des excès (du genre de la soi-disant « race aryenne »), est la nécessité, pour vivre heureux, « d'habiter son corps », c'est-à-dire d'y être bien. Et il est très facile de distinguer parmi les individus celui qui habite son corps de celui qui y est assis « sur le bord de la chaise ».

Si la « dépression » sévit autant, n'est-ce pas parce que, maladie de l'idéal, d'un idéal impossible à faire coïncider avec la médiocrité de nos vies, nous nous jaugeons par rapport à ces critères trop humains et non par rapport à la bienveillante tendresse de Dieu ? N'est-ce pas à cause d'un narcissisme excessif ?

Ne croyez pas que je présente ici la foi comme un précis d'hygiène, un code de bonne santé, un catalogue de recettes. Elle est tout autre chose. Mais j'affirme que, contrairement à la réputation qui lui a été faite d'« opium du peuple », la foi contribue au bonheur de l'individu ou, plus précisément, et de façon plus essentielle, qu'il n'y a pas d'hiatus entre le bonheur de croire et le bonheur d'être, car ils sont un. Et passer le plus clair de sa vie au large de la paix de Dieu (« qui surpasse tout ce que vous pouvez imaginer ») demeure, et de loin, la plus sûre recette de bonheur, meilleure en tout cas que toutes idéologies frelatées.

Ces exemples de contribution au bonheur n'ont de sens évidemment qu'en termes de foi, qui ne fondent une morale que si elle se réfère aux vertus évangéliques à cause d'une adhésion au Christ. Ils ne sont, sans cela, au mieux que bonnes paroles et, au pire, contraintes imposées de n'importe quel fascisme.

VII

LA CHAIR DE L'ÂME

Mon amour chéri,

C'est un peu tôt pour te souhaiter ton anniversaire mais comme
toute la famille l'a déjà fait!!!
je suis le mouvement et je t'embrasse c'est de mon coeur plus impor-
de te le souhaiter avec des ans.
Très très Joyeux Anniversaire, mon
chéri, d'abord la fête des vacances.

Jean vient une dernière fois te dire !!! (dernière fois hélas !) que je
n'ai pas été choisie
pour ... ! Cela sera pour
toi ! le retour —
je t'aime — Fût fait
Et même si je te le dis peut-
être mieux !

A.

Je parle toujours ici de « chair » et de « corps ». Il faut cependant souligner combien le « corps » est un *laissé-pour-compte du langage*. L'homme a l'habitude de nommer les diverses parties de lui-même (son nez, sa bouche, ses oreilles ou ses membres) et, désormais riche des connaissances vulgarisées, de désigner ses organes, tissus et fonctions biologiques complexes. Et il a unifié le tout en le dénommant « mon corps ». Mais ce « corps » humain est un étonnant kaléidoscope de mots et d'images nommables, dont Picasso a donné finalement les meilleures représentations, en le découpant comme il l'a fait.

En disant « mon corps » ou « ton corps », l'homme parle d'un objet qu'il n'identifie pas tout à fait exactement à lui, de la même façon qu'il se regarde un instant dans la glace ou sur une photo, avant de dire « c'est bien moi ».

Cet autre lieu, celui d'où l'être humain se dote d'un corps et d'une image, si c'était celui de l'âme ? Et si la tentation était de vouloir situer ce lieu à l'intérieur même du corps alors qu'il est dans l'Autre, l'autre du langage, et de l'histoire humaine, la seule à nous survivre ?

Mais Dieu alors, que je nomme de la même façon que je nomme mon corps, qui est-Il ?

Le moment est donc venu de poser une question essentielle : Dieu est-il réalité ou bien seul fruit de mon désir d'homme, c'est-à-dire du désir purement humain de Dieu ? En d'autres termes, Dieu, qui fait partie de la réalité psychique de l'homme, ne serait-Il que le nom que je donne au manque que je porte en moi ?

Voilà une vieille question, présentée ici de façon caricaturale, mais toujours actuelle. Essentielle pour les chrétiens de cette fin de siècle. Une question que tout chrétien pourrait se poser après le Dr S. Freud, sa démarche de psychanalyse et ses écrits. Non pas parce qu'elle émane de Freud auquel nul ne saurait être inféodé et qui, bien évidemment, n'était pas le premier à la poser : saint Augustin et beaucoup d'autres l'avaient formulée avant lui! Mais on ne peut nier l'extrême importance du mouvement de pensée qu'il a engendré et qui a eu le mérite de souligner le rôle essentiel du *désir* dans le fonctionnement de l'être humain.

Beaucoup ont répondu définitivement à la question de l'existence de Dieu. Ou ne se la posent pas; et, bien sûr, nul n'est obligé de se la poser. Mais le croyant ne saurait craindre de le faire, contrairement au catéchisme de notre enfance qui recommandait, vous vous en souvenez, de s'abstenir des lectures susceptibles de mettre la foi en danger. Entendez par là de se poser des questions embarrassantes. L'interdit est périmé, mais inconsciemment demeure peut-être encore.

La foi, telle qu'elle est présentée aux adultes, ne laisse pas toujours, il est vrai, suffisamment de place aux interrogations. Les homélies de nos assemblées dominicales sont souvent trop riches en affirmations redondantes et assurées. Le pouvoir médical, souvent dénoncé (et parfois à juste titre), n'est rien à côté de certains pouvoirs cléricaux. Or le fait d'être prêtre ne fonde pas à projeter à l'occasion du sermon n'importe quel fantasme. La foi est davantage une quête qu'un acquis. Une interrogation permanente plus qu'une certitude. L'homélie dominicale triomphante ou au contraire culpabilisatrice laisse trop souvent, à terme, une cruelle sensation de vacuité.

Le chrétien, pourtant, est essentiellement un être de liberté. Et on ne voit pas pourquoi ne lui serait pas permise, voire conseillée, une recherche, comme la confrontation de sa foi avec d'autres fois. Cette interrogation de la foi par rapport au désir de l'homme, le Christ l'aurait-Il récusée, Lui qui nous a donné l'exemple en questionnant ses disciples, à propos de sa nature messianique : « Et vous, qui dites-vous que je suis? »

Revenons à notre interrogation : Dieu est inscrit dans la réalité psychique des humains, ce qui explique qu'ils puissent affirmer aussi bien « Il existe » que « Il n'existe pas ». Si j'affirme « Il existe », est-ce un effet de mon désir, aspirant à combler mon incomplétude ou à apaiser l'angoisse de ma solitude ?

Après des théologiens, philosophes, psychanalystes et spécialistes de tous genres, je voudrais répondre, fondé sur ce qui m'apparaît d'une pratique médicale, c'est-à-dire du contact permanent et intime avec l'être humain souffrant. Et je répondrai immédiatement : oui, j'ai le désir de Dieu. Mais ce n'est pas parce que j'ai le désir de Dieu que celui-ci ne serait *que* le fruit de mon désir. Ainsi ai-je le désir du soleil, synonyme de vie, ce qui n'empêche pas la réalité du soleil.

Mais je reviendrai d'abord à Freud (qui était athée). Bien qu'il ait déjà évoqué le sujet des religions avec *Totem et Tabou*, c'est surtout dans *l'Avenir d'une illusion* qu'il qualifie la foi chrétienne d'illusion.

Voici, résumés, ses thèmes essentiels : la foi en Dieu est pour Freud une illusion, dérivée des désirs humains les plus anciens, les plus forts, les plus pressants de l'humanité.

« Dieu est donc un père exalté » selon lui, et la racine du besoin religieux est la nostalgie du père. L'impression terrifiante de la détresse infantile éveille le besoin d'être protégé (protégé et aimé), besoin auquel le père a satisfait ; la persistance de cette détresse tout au long de la vie conduit l'homme à se cramponner à un père, à un père cette fois plus puissant. Le prototype de Dieu est donc bien le père primitif, le modèle d'après lequel les générations ultérieures ont formé la figure divine.

« L'angoisse humaine en face des dangers de la vie s'apaise à la pensée du règne bienveillant de la providence divine, l'institution d'un ordre moral de l'univers assure la réalisation des exigences de la Justice si souvent demeurées irréalisées dans les civilisations humaines. Et la prolongation de l'existence terrestre par une vie future fournit les cadres de temps et de lieu où ces désirs se réaliseront. »

181

En résumé, la « religion serait la névrose obsessionnelle universelle de l'humanité ; comme celle de l'enfant, elle dérive du complexe d'Œdipe, des rapports de l'enfant au père. D'après ces conceptions, on peut prévoir l'abandon de la religion qui se produira avec la fatale inexorabilité d'un processus de croissance, et nous nous trouvons justement dans cette phase de l'évolution ».

Le livre suivant de Freud (*Malaise dans la civilisation*) débute par la lettre de son ami Romain Rolland (« Un homme éminent », précise-t-il) relative à *l'Avenir d'une illusion* : « Vous n'avez tenu aucun compte de la source réelle de la religiosité », un « sentiment particulier » animant « des millions d'êtres humains », « sentiment que j'appellerais volontiers la sensation de l'éternité », c'est-à-dire le « sentiment de quelque chose d'illimité, d'infini, en un mot d'"océanique" ».

« Vous décrivez en termes poétiques, lui répond Freud, le charme de l'illusion [...]. En moi-même, impossible de découvrir pareil sentiment "océanique". Je demeure persuadé que les phénomènes religieux sont comparables aux symptômes névrotiques individuels [...]. C'est de cette origine que les phénomènes tiennent leur caractère obsédant et c'est à la part de vérités "historiques" qu'ils contiennent qu'ils doivent leurs actions sur les hommes. » En d'autres termes, le « besoin religieux » est imputable, selon Freud, au « rattachement à l'état infantile de dépendance absolue, ainsi qu'à la nostalgie du père qui suscite cet état... »

Que pour de nombreux croyants la foi chrétienne ait pu être cela à un moment de leur parcours, c'est-à-dire la soumission à une puissance supérieure qui protège, rassure et garantit un au-delà, pourquoi le nier ? C'est évident.

Mais comment affirmer pour autant que les croyants ne recherchent et ne trouvent dans leur foi que cette sorte de protection infantile ?

Affirmer que Dieu est seulement la projection d'un besoin du père, c'est une réduction, m'a dit le cardinal Lustiger. Et à supposer que ce fût le cas, comment être sûr que cette foi ne serait que cela ? Comment disséquer ce besoin du père et savoir s'il n'est pas lui-même sous-tendu par la transcendance de Dieu? Pourquoi l'homme est-il un « animal religieux »? Car ce qui différencie l'homme de l'animal, outre le langage articulé, c'est le sens du sacré, plus important que le fait d'inventer un outil. Pourquoi l'homme « veut-il » davantage?

Scrutons à présent les termes avec lesquels Freud parle de la foi, car ils sont instructifs pour le chrétien. Il ne traite, en fait, jamais de la foi, mais de la « religion » (« ensemble d'actes rituels, dit un dictionnaire, liés à la conception d'un domaine sacré distant du profane et destiné à mettre l'âme humaine en rapport avec Dieu »; « institutions politico-sociales, disait Françoise Dolto, qui pervertissent le désir en codifiant une morale »).

Dès lors, je demande ici : qu'est-ce que la religion peut bien avoir de commun avec la foi qui me lie à Dieu? La foi, ma foi, n'est pas une religion (même si elle l'est pour de nombreux chrétiens).

La foi est une relation bilatérale et intime d'amour avec Dieu, dont la religion n'est que la *manifestation*, je ne dis pas accessoire, mais nettement seconde. Elle fonde, « en esprit et en vérité », une religion qui n'est pas celle que Freud a rencontrée et dont il nous dit qu'elle est une névrose (de la même façon qu'on peut affirmer, en inversant la proposition, que la névrose est une religion!).

Sans doute êtes-vous étonné, comme moi, du grand nombre d'adultes qui déclarent avoir « perdu la foi », alors qu'ils ont été « élevés chrétiennement » chez « les bons pères » ou « les bonnes sœurs ». On pourrait se demander s'ils l'ont jamais eue, ou s'il existe une relation entre leurs situations passées et présentes. Mais ils me donnent vraiment l'impression d'avoir « jeté le bébé avec l'eau du bain », c'est-à-dire de s'être débarrassés de la religion (une certaine idée de la foi qui leur avait été proposée) en même temps que de la foi elle-même (c'est-à-dire l'essentiel). De la même façon, beaucoup d'athées, me semblet-il, refusent davantage la religion que la foi elle-même. Dans les faits, il est souvent difficile, c'est vrai, de dissocier le christianisme du religieux : « Quelle est la loi-cadre de l'adhésion chrétienne après Freud? » interroge J. Durandeaux.

183

Le chrétien qui veut bien analyser les textes de Freud constate que ce qu'il met en pièces, ce n'est pas, en réalité, la foi, mais l'une de ses perversions, c'est-à-dire la « névrose chrétienne ». Alors oui, puisque c'est cette religion-là que vous avez démolie, docteur Freud, merci! Merci de contredire ceux qui se réclament du Christ mais ne vivent pas de lui. Ceux qui se sont fabriqué un Dieu à visage infiniment variable, sans être jamais le visage de Dieu.

Merci, docteur Freud! Oui, merci, de nous avoir délivrés d'un tel Dieu. Merci d'ouvrir grand à la lumière les portes fermées du cinéma obscur où chacun projette sur écran personnel son Dieu à lui, fût-ce dans le rêve et l'imaginaire.

Est-il surprenant, d'ailleurs, qu'un être humain se fasse une représentation « humaine » de Dieu? La démarche d'une vie de foi consiste précisément à dépouiller progressivement notre image de Dieu de tout ce qu'elle peut avoir de trop humain. Car même si le contenu de la foi chrétienne est « folie », la compréhension de cette folie ne devrait jamais être équivoque. « Névroses, perversions et délires ne peuvent faire loi dans le discours des croyances [1] » et n'autorisent quiconque, au nom de la « folie de la Croix », à délirer, pervertir ou tenter de faire loi avec ce qui n'est que lois de leur propre névrose, folie de perversion.

Je ne suis pas du tout un inconditionnel de Freud. Mais reconnaissons-lui le mérite d'avoir, un peu comme les Rois mages, « montré l'étoile ». C'est-à-dire de nous avoir indiqué la direction à suivre pour alléger notre foi de tout le fatras névrotique qu'elle peut véhiculer.

Françoise Dolto [2], cette femme à la personnalité et au rayonnement remarquables, éminente psychanalyste d'enfants qui plus est, a démontré combien la psychanalyse non seulement n'était en rien redoutable pour sa foi chrétienne, mais pouvait au contraire l'éclairer et l'enri-

1. J. Durandeaux, *Une foi sans névrose*, Éd. du Cerf, 1987.
2. F. Dolto, *la Foi au risque de la psychanalyse, l'Évangile au risque de la psychanalyse*, Le Seuil, coll. « Points », 1977-1981, 2 tomes.

chir. Combien d'années faudra-t-il encore pour que cette dimension non contradictoire de la foi soit reconnue? Il n'est évidemment pas question de prôner la psychanalyse, de la proposer comme thérapeutique (ce qu'elle n'est pas) ou a fortiori comme une contribution à la foi. Disons simplement qu'elle existe, qu'elle éclaire et n'a rien de démoniaque pour le croyant. Et qu'il n'est plus possible de croire, après Freud, comme avant.

La psychanalyse ne peut se prononcer sur le réel, c'est-à-dire l'existence ou la non-existence de Dieu. Elle ne peut non plus intervenir sur Dieu lui-même, mais sur les représentations que la théologie se fait de Dieu. Car la théologie, science de la rencontre entre l'homme et Dieu en Christ, n'est pas parole de Dieu, mais discours sur Dieu. Elle est de l'ordre d'un *savoir*, tandis que la foi est de l'ordre d'une *certitude*.

Ce que la psychanalyse peut donc dire au théologien ou au croyant, c'est que dans tel de ses discours, le « concept-Dieu » fonctionne de manière névrotique ou perverse. Voici deux exemples de fausses pistes de la foi sur lesquelles, souligne Ansaldi [1], la psychanalyse interpelle (et non juge) telle ou telle forme de foi en Dieu (non pour la qualifier, mais pour lui permettre de s'affiner).

Premier exemple : *une foi pour occulter la finitude humaine*. La vie déçoit sans cesse nos désirs de savoir, de pouvoir, d'immortalité. La foi en un Père tout-puissant risque de pallier nos manques et nos risques (d'infortune, de maladie et de mort). Risque de servir à panser les permanentes blessures de notre narcissisme.

Le *moi idéal* (« ce que je voudrais être ») « est le chemin de l'idole », puisqu'il projette un Dieu constitué par le rêve de ce que je voudrais être, afin que celui-ci me donne en retour ce que je ne suis pas. Et de même qu'un Dieu tout-puissant, peut-on inventer un Dieu jouissant qui organiserait tout en fonction de son bon plaisir?

Cet état d'esprit, celui du théisme, demeure toujours un peu celui de chacun d'entre nous, qui avons tendance à réintroduire « le barbu » dans nos façons de penser.

---

1. J. Ansaldi, *Croire en Dieu après Freud et Lacan*, séminaire, Montpellier, 1987.

Ainsi, je dois personnellement rectifier le propos initial de ce livre sur le sujet de ma foi et du sens. Dieu seul me paraît effectivement donner du sens à la vie humaine; mais ma recherche de cohérence ne saurait être la raison de ma foi. Je continuerai de croire (je l'espère!), même si, comme dans l'état du suicidé, « plus rien n'avait de sens pour moi ».

Deuxième exemple : *une foi pour étancher mon « désir d'objet »*. Disons, pour simplifier, qu'à partir de la mère, objet initial vers lequel il se tourne, l'enfant (et l'adulte continuera) va d'investissements en investissements, afin d'étancher un désir qui ne peut se reposer sur aucun objet. « Et si Dieu était posé comme bouchant ce trou causé par le manque d'objet?, interroge Jean Ansaldi. Comme objet saturant le désir où je peux me reposer à tout jamais. »

C'est vrai que Dieu est l'unique nécessaire, l'unique dimension susceptible de répondre à l'immensité du désir humain. Pourquoi pas! Mais si je ne Lui donnais que cette dimension?

Certains, parce qu'il dérange leurs (fausses) sécurités, ne veulent pas entendre Freud, le récusent – a priori – comme un individu dangereux, un redoutable antéchrist :

« La pensée de Freud est foncièrement antichrétienne, m'écrit un lecteur, puisqu'elle vise avant tout à déculpabiliser l'homme [...]. Et si, aujourd'hui, on assiste à une effrayante dégradation de la morale chrétienne, c'est à Freud que nous le devons [...]. Mme Dolto est disciple de Freud. Elle ne peut donc l'être du Christ. C'est l'un ou l'autre, pas les deux à la fois. »

Merci, docteur Freud, d'avoir délivré l'homme de l'odieuse, détestable, ravageuse culpabilité, qui a traumatisé – à plus ou moins bon escient – de nombreuses générations de chrétiens.

J'ai envie d'évoquer ici (pour sourire un peu) les « chers bons pères » qui, dans nos confessions de jadis, nous parlaient de péchés que nous n'avions évidemment pas commis et que nous ne comprenions même pas. Nous repartions pourtant culpabilisés, en nous demandant si, par hasard, nous ne les aurions pas commis à notre insu puisqu'ils ne figuraient pas sur la « liste de péchés » préparée par avance!

La relation d'amour à Dieu qui fonde la foi chrétienne ne saurait s'établir, entre ceux qui s'aiment, que sur la liberté et non la crainte perpétuelle de la faute ou du repentir.

Transformer le *constat* des insuffisances de notre réponse d'amour à Dieu (incitation par conséquent à aimer mieux et davantage) en *culpabilité* était tout de même une singulière perversion! Qui ne pouvait, même si le croyant se savait pardonné et aidé de la grâce divine, que l'engluer dans le découragement, au risque de lui faire finalement rejeter ce qu'il s'était cru incapable de réussir. (Tous les croyants n'avaient pas l'obstination des chartreux...) Alors qu'il s'agit en réalité de se savoir *insuffisant* vis-à-vis de Dieu – le Tout-Autre –, sentiment autrement positif et fécond.

Le Dr Freud n'a d'ailleurs jamais appelé (comme beaucoup d'ignares le pensent) à transgresser la « morale ». Il a seulement *constaté* le fonctionnement humain. Lui faire grief de l'évolution des comportements humains et la lui imputer est aussi absurde que de reprocher au généticien les gènes responsables des malformations, ou au virologue le fléau du sida! Il faudrait être aveugle, enfin, pour ne pas voir, quel que soit son mérite de pionnier, que Freud est le *témoin* d'une évolution (sociologique, philosophique, scientifique) dans la mouvance de laquelle il s'est inscrit.

D'autres, malheureux attardés, en sont encore à le lire comme on lirait une doctrine figée, sans s'apercevoir que ses propositions, qui étaient celles de son temps, doivent être désormais relues et complétées par les connaissances biologiques dont il avait lui-même entrevu l'importance, mais dont il était démuni.

Qu'on accepte ou qu'on récuse l'œuvre de Freud, il est un reproche en tout cas qu'on ne saurait lui faire, c'est celui de l'imposture. Il n'est pas si habituel de constater au contraire, chez un chercheur, une rigueur intellectuelle comme la sienne. Il faut voir avec quelle honnêteté et quels scrupules cet homme a repris sans cesse les propositions qu'il avait antérieurement émises en les critiquant, en les modifiant, voire en les contredisant, lorsqu'il s'apercevait qu'il avait fait erreur. Il serait souhaitable que beaucoup de clercs fassent preuve de la même honnêteté pour dire quelquefois qu'ils se sont trompés.

Parmi ceux qui ont également considéré l'interrogation du désir humain, mon ami Claude Roy a, dans une étude exhaustive [1] marquée de son honnêteté et de sa culture, dressé l'inventaire des croyances issues du « besoin de Dieu ».

Il a ainsi scruté « *les Chercheurs de Dieu* », réunis autour du philosophe chrétien Vladimir Soloviev, qui se proposaient d'instaurer une Humanité-Dieu, et « *les constructeurs de Dieu* », mouvement marxiste qui proposait au contraire un nouveau Notre Père : « Notre prolétariat qui es sur la terre, que ton nom soit sacré, que ta volonté soit faite, que ton pouvoir arrive. »

L'être humain, constate Claude Roy en résumé, a « le besoin de croire », rien ne lui est plus naturel et nécessaire que de croire. L'enfant doit croire les adultes s'il veut survivre. S'il change de croyance, l'adulte passe du Dieu divin à un dieu humain, du culte de personnalités aux pères du peuple, de la foi à la politique, de la croyance à l'activisme, de la religion à la révolution. « Voir, savoir, pouvoir, oui, conclut Claude Roy. Espérer, peut-être. Mais croire, pourquoi ? »

Si je souscris à bien des conclusions de l'analyse pertinente de Claude Roy, je dois remarquer que l'homme qui se serait fait un Dieu issu de son désir humain de Dieu l'aurait « conçu » bien différent de celui du chrétien.

Moi, médecin, en particulier, je n'imaginerais pas un Dieu créant un homme associant autant le grandiose et le misérable. L'homme inventant un Dieu l'aurait évidemment doté d'une puissance terrestre. Il se serait fabriqué un Dieu capable d'évincer de ce monde le mal, alors que nous ne cessons d'en déplorer les ravages. Au contraire du Dieu du chrétien, qui ne promet aucune sécurité, l'homme se serait inventé un Dieu porte-bonheur, sécurisant, garant de béatitude universelle.

Pour un certain nombre de chrétiens, Dieu est le fruit d'un tel désir. Ils se sont fait *leur image* de Dieu,

1. C. Roy, *les Chercheurs de Dieu*, Gallimard, 1981.

conforme à *leur désir* de Dieu. Mais ce Dieu-là n'est pas crédible, puisqu'il est sans cesse démenti par le spectacle du monde sous nos yeux.

Est-ce à dire qu'un Dieu pervers le serait davantage? L'histoire du sacrifice d'Abraham (toujours diversement interprétée) est particulièrement éloquente à ce sujet avec son évolution en deux temps : c'est Dieu qui demande à Abraham de Lui sacrifier son fils, Isaac; c'est Dieu qui arrête *in extremis* le bras meurtrier d'Abraham.

Ce petit scénario sadique aurait été destiné à éprouver la foi d'Abraham. « Pour voir » jusqu'où il était capable d'aller, y compris tuer son fils pour l'amour de Dieu.

Deux interprétations de cette « histoire » ont été retenues, aussi fausses l'une que l'autre.

Les juifs en ont tiré la conclusion du grand mérite d'Abraham, méritant à Israël l'à-valoir d'être distingué comme *peuple élu*. « Ce " mérite " d'Abraham n'a-t-il pas incité Israël, tout au long des siècles, à une sorte de complexe de supériorité par rapport aux autres peuples? », interroge le rabbi Stzeinberg.

Du côté des chrétiens, on a lu l'histoire d'Abraham comme une préfiguration du sacrifice du Christ, consenti par son Père pour racheter les péchés des hommes. On a ainsi favorisé une *pathologie sacrificielle* et doloriste aux conséquences aussi désastreuses que durables.

Remarquons plutôt que, dans cette « histoire d'Abraham », le sujet est le même : Dieu, qui apparaît deux fois de suite dans des significations diamétralement opposées et contradictoires.

Dans *la première proposition* en effet, « Dieu » évoque des références d'Abraham acquises et anciennes, celles à un dieu païen qui réclame des sacrifices humains. La région syro-palestinienne et le Bassin méditerranéen plus généralement étaient familiers du rituel des sacrifices d'enfants (surtout le fils aîné). Abraham, dont la tradition orale nous apprend qu'avant de quitter Our, en Chaldée, il alla briser les idoles que vendait son père, ne s'étonne donc pas que Dieu lui demande de lui sacrifier son fils, démarche sadique et évidemment tout à fait étrangère à Dieu :

– c'est une pensée d'anthropomorphisme : l'homme prête à Dieu ses propres pensées sadomasochistes ;

– c'est, qui plus est, une pensée d'idolâtrie, imputant à Dieu des pensées perverses (et Dieu sait si tout au long de l'histoire des Églises ont fleuri et fleurissent encore les idolâtries !). Or Dieu est complètement différent de tout ce que nous pouvons imaginer de Lui et ne « s'abaisserait pas » à nos misérables forfaits (« Mes pensées sont aussi éloignées de vos pensées que l'Orient de l'Occident »).

La tare de l'idolâtrie est de conférer un caractère sacré à ce qui n'en a pas et, surtout, d'enfermer les êtres dans des conceptions fausses, conduisant aux pires errements.

Nous touchons là à une position cruciale.

Les chrétiens devraient manipuler avec beaucoup de précautions les flacons « sacrifice » et « sacrifier », tant que subsistera en effet dans la mémoire collective, et surtout chrétienne, la pensée que Dieu a demandé à Abraham de lui *sacrifier* un être humain, tant que ne sera pas exclue la pensée de Dieu *sacrifiant* son Fils qui marche volontairement à la mort pour obéir à son Père, alors sévira la pensée que c'est Dieu qui laisse faire les génocides. Et s'il en est ainsi, pourquoi s'y opposer ?

Qui peut dire jusqu'à quel point cette idée de sacrifice n'a pas, inconsciemment, joué dans le silence de certains chrétiens sur le sujet du génocide juif des camps de la mort (et d'autres) ?

La seconde proposition (Dieu arrête le bras armé d'Abraham) est au contraire éloquente d'une foi devenue celle d'un vrai croyant. Dans l'épreuve, Abraham a purifié sa foi et assaini son idée de Dieu. Il a appris à distinguer ses impulsions consubstantielles à la civilisation de ses ancêtres (en hébreu *jetser hara* : « le délire »), de la sagesse *(jetser tov)* à laquelle l'appelle « du haut du ciel un envoyé de Dieu ». Abraham croit en un Dieu qui récuse l'atrocité d'un geste païen : « je ne veux pas de ça ; croire en moi, c'est tout autre chose. »

Rappelons ici la phrase essentielle de la prière fondamentale du judaïsme, *Chéma Israël* :

« Écoute, Israël, le Seigneur est notre Dieu, le Seigneur est *un*. Il est le *un* primordial de tout et toujours. » (Marc

12/29). Jésus-Christ a largement repris ce thème et cite cette prière comme le premier commandement : « Le Père est plus grand que moi », « Dieu, personne ne l'a jamais vu. » (Jean 14/28).

Dieu est donc le « Tout Autre », celui qui se dérobe au connaître et sur qui on ne peut rien dire d'autre, sinon des sottises. Dieu est l'Inconcevable par excellence, l'Ineffable, non localisable dans l'espace et dans le temps. Le croyant a par conséquent l'obligation absolue de distinguer ce qui procède du domaine de la foi et ce qui procède de l'idolâtrie, c'est-à-dire de ses pensées humaines prêtées à Dieu.

Ces considérations ne sont pas seulement théoriques mais *libèrent le croyant*.

Elles le libèrent de *la pensée magique* qui ne se cache plus, en Occident, dans les sacrifices humains mais dans l'obéissance passive à toutes sortes de rituels sociaux, politiques, scientifiques, etc.

Le vrai croyant (le chrétien en particulier) devrait être reconnu au respect des êtres, qui va jusqu'à celui de leurs croyances, a fortiori de ceux qui partagent leur foi dans le Dieu unique, c'est-à-dire leurs frères juifs et musulmans.

A la condition que ces croyances ne soient pas elles-mêmes perverties en quelque fanatisme guerrier, étranger à Dieu. Ce qui différencie une foi en Dieu (Allah, Jésus...) d'une croyance, c'est sa capacité démontrée à s'attacher simultanément et parallèlement à Dieu *et* à l'homme. Toute foi qui, de près ou de loin, méprise l'homme (et précisément celui qui refuse d'adhérer à ladite foi) n'est qu'une croyance, un fanatisme, une idolâtrie.

Le refus de l'idolâtrie libère enfin le croyant de la *culpabilité* vis-à-vis de Dieu. Dieu est sans cause première. Si le croyant cesse donc de prêter à Dieu ses propres pensées de faute, de culpabilité, de châtiment, etc., il ne se prendra pas assez au sérieux pour se croire coupable de tout, s'évitant déperdition d'énergie ou égarement dans les marigots de la névrose. Il n'est responsable (et non coupable) que de son manquement d'amour, c'est-à-dire de son péché.

Le rabbi Léonard Stzeinberg a fondé un Institut de

recherche interdisciplinaire « Science et Religion », et mène une croisade pour un rapprochement entre croyants monothéistes, fondé sur un retour aux sources, c'est-à-dire une défiance commune envers le risque d'idolâtrie que l'enseignement de la foi donné aux jeunes peut comporter. Inutile de préciser que cela ne lui vaut pas que des amis. Si certains le soutiennent, les faucons de tous bords ne voient pas son initiative d'un œil complaisant : où veut-il en venir celui-là ? Quel est cet œcuménisme de bazar ?

Moi qui serai toujours aussi partisan du pragmatisme qu'inconditionnel de l'utopie, je soutiens sa démarche. Comment ! Nous serions incapables d'encourager un homme qui tente, revenant aux sources, de montrer que les croyants monothéistes ont en commun l'essentiel même s'ils ont été – et sont – menacés des mêmes déviations ?

Et nous devrions demeurer crispés sur l'arrogance de nos différences et le culot de nos certitudes ?

Cela me fait penser à l'œcuménisme catholiques-protestants, dont j'entends parler depuis mon enfance. Semaine de l'Unité, prières pour l'Unité, rencontres pour l'Unité, le pasteur et le prêtre qui échangent leurs sermons, et puis chacun rentre chez soi jusqu'à l'année suivante. De grands pas ont certes été faits. Mais si on avançait encore ?

En 1999, comme en 2001, la ligne de partage ne passera plus entre juifs et chrétiens, ou catholiques et protestants. Elle passera entre ceux qui réfèrent encore leur vie et l'univers à la transcendance du Dieu unique et ceux qui l'abandonnent aux déserts du paganisme.

Car se penser, par exemple, supérieur aux autres, au nom de Dieu, ce n'est pas possible ; envoyer des enfants soldats faire la guerre et se disloquer sur des champs de mines au nom de Dieu, ce n'est pas possible.

Les chrétiens n'ont évidemment aucune leçon à donner en ce domaine car ils ont donné eux-mêmes, par le passé, de très mauvais exemples : ils ont beaucoup tué et se sont entretués au nom de Dieu, la croix dans une main et l'épée dans l'autre.

Mais il n'y a pas que l'épée pour tuer. Je ne peux m'empêcher de penser à ces millions de laïcs, prêtres, religieux ou religieuses qu'on a, au nom de Dieu, privés, dans le passé, de penser, de désirer, d'entreprendre, alors que le message du Christ est fait de liberté. Il est vrai que l'être humain n'a besoin de personne pour s'empêcher d'être libre !

CONCLUSION

Je m'aperçois que je suis revenu dans ce livre (presque à mon insu) aux trois vertus théologales.

L'espérance, c'est, précisément, ce qui dépasse l'espérance humaine, qui se situe dans un espace différent d'elle. Si tel ou tel chef d'État était à même de satisfaire l'espérance humaine, cela se saurait, mais que vaudrait cette espérance ? J'enrage lorsque j'entends dire que tel ou tel parti politique a désigné l'un de ses membres pour « tendre la main aux chrétiens » (c'est-à-dire, en clair, les récupérer, en leur démontrant qu'au fond ledit parti n'a pas d'autre objectif que celui de leur foi chrétienne).

Est-il dans l'espace de l'espérance chrétienne, l'espoir de l'élection de tel ou tel candidat ? Il faut, ici, me semble-t-il, de la violence pour récuser cette « espérance de café du Commerce », c'est-à-dire pour affirmer la grandeur de Dieu qui est à la fois infiniment proche de l'humain et tellement plus important que nos « petites affaires ». N'oublions pas la réponse du Christ aux pharisiens qui voulaient le piéger avec leur petite phrase sur le tribut à César.

J'aime, à ce sujet, les coups de gueule indignés, comme celui du grand croyant qu'était Maurice Clavel [1] (« homme de gauche » par surcroît) rappelant à un groupe de prêtres réunis dans un appel pour telle candidature correspondant au choix des vertus évangéliques : « Dieu est Dieu, nom de Dieu ! »

Maurice Clavel qui se disait ému aussi par ce témoignage féminin : « On a trop inculqué aux chrétiens qu'ils ont un rôle à jouer. A force de discussions et de réunions,

1. M. Clavel, *Dieu est Dieu, nom de Dieu !*, Grasset, 1976.

ils ont oublié l'essentiel qui est d'aimer et d'être là quand on a besoin d'eux. Quand ils ne peuvent plus parler, expliquer, témoigner, ils ne savent plus quoi faire et s'en vont sur la pointe des pieds. »

J'ai aimé aussi la réaction de colère de mon ami Jean Carrière, éclatant dans *le Nouvel Observateur* contre Roland Leroy, questionné sur l'attitude du PCF vis-à-vis des chrétiens et qui avait répondu : « Pas de problème, ils disparaîtront tout seuls. »

L'espérance n'est rien, enfin, sans la charité. Charité toujours poursuivie, jamais acquise, toujours reconquise.

Charité au quotidien, la charité des « petites choses » plutôt que celle des actes solennels. Je m'y essaie, maladroitement, comme un enfant qui, devenu adulte, continuerait à trébucher en marchant. Comme un médecin écartelé entre la multiplicité de ses tâches. Aussi usé par les sollicitations que l'usure d'un meuble patiné. Une usure « naturelle », qui ne décourage pas : le médecin n'est pas une machine à soigner.

Les malades exigent beaucoup. Leurs familles attendent beaucoup. Leurs amis téléphonent beaucoup.

Je n'abandonnerai pas. Je ne quitterai pas le navire, pas plus que le chauffeur routier ne lâche son camion et vous répond, quand vous lui demandez s'il a des états d'âme : « Je fais la route. »

Je fais ma route, entouré de collaboratrices et collaborateurs merveilleusement généreux, qui, discrètement, ne comptent ni leur peine ni leur temps au service des malades. Des infirmières en particulier qui, confrontées au cancer, au sida, aux malades incurables, n'ont pas déserté, mais se sont réunies pour faire face, organisées pour ouvrir un secteur de soins palliatifs. Et cette générosité inépuisable est un signe de Dieu!

J'ai implicitement évoqué deux des difficultés essentielles de la foi en ce xxe siècle finissant :

1) Comment cheminer sur l'étroite ligne de crête entre engagement dans le monde et recul indispensable envers ce monde? Cette interrogation ne date certes pas d'aujourd'hui, mais apparaît, me semble-t-il, aujourd'hui, plus aiguë que jamais.

Le discours chrétien dans ce domaine est trop souvent passéiste, ou en tout cas peu adapté au chrétien d'aujourd'hui. Moins que jamais en effet dans les sermons dominicaux les choix ne sont simples et les attitudes faciles à trancher. Quel homme « engagé » peut affirmer aujourd'hui qu'il a éliminé de sa ligne de conduite toute « déchirure »? L'essentiel est de demeurer en recherche, se défiant des trop simples certitudes.

2) La seconde difficulté de la foi chrétienne, aujourd'hui, est celle de sa « communicabilité ». La foi est une expérience personnelle, un vécu que je ne dirai pas « incommunicable », mais pour le moins difficile à faire partager. Moins que jamais, en effet, cette foi n'est héréditaire et ne se transmet par les chromosomes. Elle nécessite une adhésion initiale « de principe ». Et seul celui qui accepte cette adhésion pourra ensuite avancer, c'est-à-dire découvrir par lui-même le contenu, la richesse et je dirai « l'évidence » de la foi.

Mais celui qui « demande à voir », qui refuse l'a priori et demeure sur le pas de la porte sans jamais se décider à entrer ne saura jamais rien de l'intérieur de la maison; il ne pourra que s'en faire une idée d'après les plans.

Croire sera toujours faire un saut par-dessus l'abîme. Certains acceptent de le faire; d'autres pas.

Seul le *témoignage* de la foi peut être communiqué à ses proches ou aux non-croyants.

Car les mots du croyant risquent d'apparaître au non-croyant comme les stigmates d'une crédulité personnelle, mais ne pas être éloquents pour celui qui ne partage pas cette foi. Ces mots : Incarnation, Résurrection, Surnaturel, Transcendance, Royaume, me sont devenus si familiers qu'après les avoir mis à l'épreuve de mon propre doute je les habite entièrement. Comment les faire partager à mon frère non-croyant, avec mes pauvres paroles usées?

C'est d'autant plus difficile que nous sommes passés d'une société de *croyance* à une société d'*opinion* : « Est vrai ce que je pense » (culture = ma culture, liberté = ma liberté, scandale = ce qui me scandalise, etc.).

En matière de foi, on croyait auparavant à tout ce qui

venait de Rome ou de l'Église (avec le risque d'aliénation dont l'Église a parfois « profité »). Ce système n'a plus cours. J'accepte la parole de l'autre... à la condition qu'elle me *convienne*. De son discours, je retiens... les mots que je *choisis*.

Or, croire, c'est adhérer à la parole d'un autre, parole qui me vient d'ailleurs, de plus haut, et qui a un contenu. « Ce n'est plus moi qui vis, dit saint Paul, c'est le Christ qui vit en moi » (et le croyant sait bien que là où l'incroyant voit une aliénation, il a trouvé, lui, souveraine liberté).

Comment les jeunes d'aujourd'hui peuvent-ils entrer dans une parole qui vient d'ailleurs et que ne garantit aucune preuve?

Comment le « moi je... » peut-il s'accommoder d'une Révélation?

Si l'évolution de la pensée a fait gagner en merveilleuse liberté, elle peut s'avérer pernicieuse par rapport à la foi: on croit à tout, à rien et à n'importe quoi (sectes et chapelles prolifèrent).

Alors que la Chair de Dieu résume théologies, dogmes et encycliques en deux mots: Jésus-Christ. Jésus de Nazareth, l'incarné, dans notre vie humaine. Il plaît à beaucoup car il a pu être « récupéré », depuis les anarchistes jusqu'aux révolutionnaires de tous bords. Mais il est indissociablement Christ, Messie, Fils de Dieu, envoyé du Père, qui a peu parlé de Dieu et beaucoup du Père.

REMERCIEMENTS

Je remercie tous ceux qui ont bien voulu m'aider de leurs avis et conseils; j'espère ne pas avoir trahi leur pensée : mais mes propos ne sauraient engager leur responsabilité.

Mgr J.-M. Lustiger, Mgr J. Roucairol,
R.P. J. Chastanier, Y. Dokitch, Ch. Doumairon,
Cl. Jacquemet, G. Lauraire, J. Martin (O.P.),
Cl. Michel, A. Richard (P.S.P.), J. Rouquette,
sœurs Emmanuelle et Marie-Abraham
(dominicaines des Tourelles de Tréviers),
et les religieuses de la communauté
du Carmel des Buissonnets (Montpellier)

Monique Nemer, Robert Serrou, France Quèré

Olivier Messiaen, François-René Duchable,
Michel del Castillo, B. Hédon, A. Jacquard, H. Joyeux,
P. Sentein, J. Testard, P. Benoît, P. Gazaix,
J. Ginestie, M.H. Dayan, M.C. Saldana

Tous les collaborateurs et collaboratrices
de l'hôpital de l'Aiguelongue, particulièrement :
Joëlle Siraudin, Marie-Rose Compaire,
Francine Vayssière et Raphaële Bories-Azeau

TABLE DES MATIÈRES

Cet ouvrage a été réalisé sur
Système Cameron
par la SOCIÉTÉ NOUVELLE FIRMIN-DIDOT
Mesnil-sur-l'Estrée
pour le compte des Éditions Flammarion
en mars 1990

Imprimé en France
Dépôt légal : avril 1990
N° d'édition : 12536 – N° d'impression : 14093